미국 뒤집어보기

차례

Contents

가깝고도 먼 나라

　한국과 미국은 지리적으로 멀리 떨어져 있지만 근대사 이후 긴밀한 관계를 맺은 가까운 사이가 되었다. 한인의 미주이민이 시작된 지 100년이 되고 한미 동맹관계가 맺어진 지 50년이 지났다. 그동안 미국은 많은 한국인들에게 새로운 삶의 보금자리가 되기도 했고 학문연구의 터전이 되기도 했으며, 관광목적지가 되기도 했다. 또한 미국은 한국인들에게 그저 바람 쐬러 가는 곳이 되기도 했고 도피처나 은신처가 되기도 했다. 그래서 한국인에게 미국은 언제든지 맘만 먹으면 갈 수 있는 나라처럼 여겨지게 되었다.

　이렇게 볼 때 한국에게 미국처럼 '가까운' 나라는 없다고 할 수 있다. 미국은 그렇게 우리에게 쉽고 가깝다. 그런데 때로 한국인들의 마음에는 미국을 멀리해야 한다는 자못 이성적인 분석에 근거한 듯한 생각이 담겨있기도 하다. "일찍이 일본의 한국 병탄(倂呑)을 눈감아 주었던 미국은 한국전쟁을 일으켜 반도를 두 동강 내더니만 그 후 군사독재를 도와 한국의 민주화를 저해해 왔고, 최근에는 일방적 패권주의로 일관하면서 세계화, 신자유주의라는 간판 뒤에 숨어 미국화의 속셈을 펼치고 있다"는 논리가 그것이다.

이런 논리는 이어서, "미국은 세계 정치와 경제를 주름잡으면서 코카콜라와 맥도널드의 싸구려 상업주의로 세계의 문화유산을 깔아뭉개 왔고, 그렇게 우쭐대다가 9.11 테러 같은 참사를 '보기 좋게' 당했다. 그러나 여전히 정신을 못 차리고 동계 올림픽에서 횡포를 부려 한국의 금메달을 도둑질해가고 노근리사건에서 장갑차사건에 이르기까지 많은 양민을 해치더니 급기야 속으로는 유전을 탐내면서도 겉으로는 악의 축을 없앤다는 명분 아래 이라크를 침공했다"고 비난하기에 이른다.

이는 미국을 둘러싸고 거론되는 갖가지 음모이론(conspiracy theories)에 심취하고 탐닉하는 한국의 지성인들이 쉽게 가질 수 있는 미국관이자 동시에 조그만 낌새에도 쉽게 휩쓸리는 한국의 국민정서라고도 할 수 있다. 그래서 가깝던 미국이 갑자기 멀게도 느껴진다.

미국은 이렇게 우리에게 멀고도 가까운 나라이자 가깝고도 먼 나라라고 할 수 있다. 미국을 놓고 이런 상충된 표현을 하고 있다는 것은 우리가 미국을 잘 모르고 있다는 것을 말해 준다. 하지만 좋든 싫든 미국은 세계에서 가장 영향력 있는 나라이므로 미국을 알아야 할 이유와 필요는 상존한다. 특히 이제 세계 주요국의 하나로 자리매김하고 있는 한국으로서 미국을 바로 이해하는 것은 절대적이고 필수적이라 하겠다.

미국에 대한 몰이해는 개인적으로나 국가적으로나 바람직하지 않은 결과를 가져온다. 한국의 현실과 장래의 큰 부분이 미국과의 관계에 의해서 결정되고 있기 때문이다. 따라서 친미, 반미를 얘기하기 전에 혹은 최근 거론되고 있는 용미(用美)라는 것을 얘기하기 전에 지미(知美)가 선행되어야 한다.

미국의 힘은 어디서 나오는 것일까? 세계 최우수, 최상, 최고의 것들을 빨아들이는 그 엄청난 흡입력은 어디서 비롯되는 것일까? 전세계로부터 난민, 빈민, 고통받는 사람들, 절망하는 사람들을 받아들이는 그 넓은 수용력은 어디서 나오는 것일까? 그렇게 여러 사람들을 끌어들여 '복잡한 하나'를 이루어 살아가게 만드는 그 강한 동화력은 어디서 생기는 것일까? 이 책은 그런 물음에 대한 답을 찾는 노력이다.

하지만 여기서 미국을 알려는 노력은 구체적이고 심각한 주제를 통해서 미국을 분석하자는 것이 아니라, 자칫 가벼이 여기기 쉬운 일상의 여러 가지 일들을 훑어봄으로써 그 속에 녹아있는 미국의 정신, 이상, 가치, 철학을 이해하려는 것이다. 이 책은 미국이라는 복잡한 괴물을 하나의 만화경(萬華鏡)으로 제공할 것이다.

이 책을 통해서 미국을 알아보자는 의도 뒤에는 또 한 가지 바람이 있다. 미국을 알고자 하는 노력을 통해서 우리 자신도 확실히 알자는 것이다. 우리가 미국을 잘 모르는 이유도 우리가 우리 자신을 잘 모르고 있기 때문이라고 할 수 있다. 한국인이지만 동시에 미국의 한 부분을 이루고 있는 필자가 미국을 뒤집어보는 것은 의미 있다고 생각한다. 지금까지 필자의 인생 그 자체가 두 문화의 언덕을 넘는 과정이었기 때문이다. 직접체험으로 이중문화를 습득해 온 관점에서 미국을 둘러볼 때 우리의 참모습도 더 밝혀지리라 믿는다.

아직도 울고 있는 나라

2001년 9월 11일 화요일 아침 뉴욕, 워싱턴 등지에서 발생한 전대미문(前代未聞)의 테러사건은 미국뿐 아니라 전세계를 경악케 했다. 60년 전 일본의 진주만 공격 이후 처음으로 외부의 공격을 받은 미국은 그 날 이후 아직까지도 울고 있다. 이 날은 남북전쟁 이래 가장 많은 수의 미국인이 사망한 하루였으며, 그것도 모두 무고한 사람들이 목숨을 잃었다. 미국의 심장부가 테러리스트들에 의해 어이없이 공격당했고, 또 그들이 그동안 자랑스럽게 간직하고 추구해 온 자유와 정의, 평화와 번영이 크게 유린되었다는 놀라움에 전 미국이 지금도 울고 있다.

이 사건의 엄청난 충격은 지금까지도 미국인들에게 생생히 남아 있고, 앞으로도 오랫동안 가시지 않을 것이다. 많은 사람들은 언제 어디서 제2, 제3의 9.11이 일어날지 모른다는 두려움 속에 미래에 대한 불안을 느끼고 있다. 그동안 소중하게 가꾸고 일구어 온 자유와 번영이 하루아침에 크게 위협받고 있다는 점에 많은 사람들이 아직도 놀라움과 당혹감을 떨치지 못하고 있다.

사고가 나자 바깥에서는 이를 두고 문명의 충돌이니 문화의 갈등이니 하면서 교과서적 분석을 하기도 하고, 또 미 대외정책의 일방주의(unilateralism)가 빚은 미국이 자초한 화(禍)라고 비아냥거리기도 했다. 어떤 이들은 맨해튼에 솟아 있던 세계무역센터의 쌍둥이 빌딩은 얄팍한 미국식 자본주의와 부의 상징이었을 뿐이므로 그 붕괴는 오히려 잘된 일이라는 식의 경멸과 냉소를 던지기도 했다.

그러나 생각해 보면 9.11 테러는 미국만의 참사가 아니고 미국만의 문제가 아니다. 이 사건으로 인해 미국의 경제가 더욱 나빠졌고, 따라서 세계 각국의 경제도 타격을 받게 되었다는 다분히 속되고 물질적인 관점에서 하는 말이 아니다. 또한 사고의 피해자 중에 한국인을 비롯해서 세계 각국의 사람들이 포함되어 있기 때문만도 아니다.

자유와 정의와 평화와 번영은 미국만이 원하는 것이 아니고 인류 전체가 추구하는 가치인데, 9.11 테러로 인해 바로 그 자유와 정의, 평화와 번영이 유린되었기 때문이다. 그래서 9.11

은 세계 전체에 대한 테러이자 인류 전체에 대한 테러라고 할 수 있다.

이렇게 볼 때 엄청난 참사가 발생하게 된 가장 근본적인 이유는 우리 인류가 언제 어디서나 간직하고 서로 베풀어야 할 사랑과 존중, 이해와 동정을 팽개치고 있기 때문이라고 할 수 있다. 사랑과 존중, 이해와 동정은 오직 인간만이 품을 수 있는 최고의 가치이고, 그것은 곧 인간성(humanity 또는 humanism) 그 자체라고 할 수 있다. 그래서 인류가 지금 당면하고 있는 전쟁, 테러, 빈곤, 질병, 인권유린, 환경침해 등 많은 어려운 문제의 근본 원인도 인간성의 망각과 상실 때문이라고 할 수 있다.

그런데 9.11 테러 이후 미국을 비롯한 여러 나라들이 외부의 위험으로부터 자국의 안전과 이해를 추진·도모하는 과정에서 국가주의적, 민족주의적 경향이 심화되고 우경화 현상이 두드러지고 있는데, 이는 오늘을 사는 우리 인류에게 심각한 문제라고 생각한다. 우리와 다른 사람, 다른 나라, 다른 문화, 다른 생각에 점점 더 비관용적이 된다는 것은 인간이 지녀야 할 사랑과 존경, 이해와 동정을 저버리는 것이다. 바야흐로 인류가 당면한 가장 큰 문제는 인간이 인간다움을 잃고 또 잊고 있다는 사실이다.

9.11 테러로 큰 상처를 입은 미국인들은 아직도 속으로 울고 있지만, 한편으로는 그 어느 때보다 더 강하고 단결된 모습으로 'USA'를 외치고 있다. 과연 9.11의 근원을 제공했으며

부시 행정부가 지목한 '악의 축' 가운데 하나인 사담 후세인의 이라크 정권을 제거하기 위해 미국은 대 이라크 전쟁을 감행하기도 했다. 그래서 우리는 9.11의 상처가 아물기도 전에 다시 인간성의 망각과 상실로 인한 또 다른 참사가 되풀이되는 것을 슬퍼하지 않을 수 없다.

자유와 정의라는 인간적인 가치를 표방하는 미국이 끝내 인간성에 반하는 전쟁의 비극을 빚어내고 있는 모습을 보면 '도대체 이 나라는 어떤 나라인가'하는 의문이 떠오른다. 그리고 생각건대 그 답은 미국은 나라가 아니라 하나의 신념이고, 이념이고, 이상이고, 가치라는 것이다. 미국인들이 한 가지 확실하게 믿고 있는 것이 있다면 그것은 "미국의 가치와 이상은 계속된다(American values and ideals must and will go on)"라는 생각이다. 결국 미국인들이 추구하는 것은 미국이라는 나라라기보다 사랑과 존중, 이해와 동정을 바탕으로 자유와 정의, 평화와 번영을 추구한다는 미국이라는 '가치(values)'이고 '이상(ideals)'이라는 말이다.

그런 미국이 요즈음 안팎으로 많은 비난과 반대에 부딪히고 있다. 그런데 사실 최근 고조되고 있는 반미를 뒤집어보면 그것은 반드시 미국이 지향하는 가치와 이상에 대한 도전이라기보다 그 가치와 이상을 성취하기 위해 미국이 채택하고 있는 방법론에 대한 저항이라고 봐야 할 것 같다. 자유와 정의, 평화와 번영은 미국이 추구하는 목표이고, 그 자체를 반대하고 부정할 사람은 없기 때문이다. 단지 초강대국으로서 미국의 대외정책이 일방적, 가부장적, 패권주의적으로 수립되고 운용되고 있다는 비난을 받고 있다고 봐야 옳을 것이다.

그러므로 미국으로서는 그들의 방법론(modus operandi)만이 유일한 길이라든가 또는 최선의 길이라는 오만을 버려야 하고, 그것에도 오류와 부작용이 따를 수 있다는 것을 인정하고 인식해야 할 것이다. 아울러 미국을 보는 안팎의 시각도 미국의 방법론을 얼마든지 비판하고 부정할 권리는 있지만, 미국이 지향하는 궁극적 목표가 인류의 공동선(共同善)으로 인정되는 한 미국이라는 나라 또는 그 개념 자체를 부정하려 해서는 안 된다. 그래서 최근 한국에서 일고 있는 '반미 감정'이라는 것이 방법론에 대한 정당한 비판을 떠나 종종 분별 없는 '감정적' 반대로 이어지고 있기에 걱정스럽다.

서로 다른 가치관, 다른 이상, 다른 문화를 대하는 자세는 상호존중에서부터 시작해야 한다. 그리고 다른 문화, 가치관, 이상도 존중해야 하지만 다른 방법론, 다른 버릇까지도 인정하고 이해해야 한다. 물론 꼭 그 다른 방법론을 따를 필요는 없다. 하지만 자신의 가치관이나 방법론이 최선인 양 남에게 강요하려 해서는 안 되고, 오히려 자신과 다른 것들의 어느 면이 모두에게 덕이 되고 걸맞고 유리한가를 분별하여 이를 수용할 줄 알아야 한다.

그것이 바로 미국이 다시 세계로부터 존경을 회복하는 길

11

이고 또한 한국, 한국인의 입장에서도 근거 없는 감정적 반미를 극복하고 지미(知美)를 통하여 용미(用美)에 이르는 길일 것이다. 사랑과 존중과 이해와 동정이라는 인간성의 회복이 그 어느 때보다도 절실히 요구되는 이때에 미국이 왜 아직도 울고 있는지 생각해봄직하다.

나이 어린 나라

  1776년 영국으로부터 독립한 미국은 2003년 7월 4일로 227번째 생일을 맞았다. 한국이 단기로 4336년을 헤아리는 것에 비하면 비교도 안 되는 어린 나이이다. 원주민들이 이미 살고 있던 대륙에 콜럼버스가 도착한 것은 1492년의 일이었지만 사실상 '미국의 시작'이라고 할 수 있는 사건, 즉 소수의 청교도들이 메이플라워(Mayflower) 호를 타고 영국의 플리머스 항을 떠나 지금의 보스턴 앞바다에 도착한 것은 1620년의 일이었다. 조선에서는 허균의 홍길동전이 나오던 무렵이다. 그때로부터 미국독립은 150년 이상의 세월이 소요되었다. 1636년은 한반도에서 조선이 중국 청나라의 침략을 받아 병자호란이 일어났던 시기다. 그러나 같은 해 미국에서는 (그때는 아직 미국이라는 나라가 생기기도 전이었지만) 하버드 대학이 창립된다. 그들은 나라를 세우기 전에 대학부터 세운 셈이다.

독립선언 이듬해에 그들은 나라 이름을 정한다. 우선 아메리고 베스푸치(Amerigo Vespucci)라는 탐험가의 이름에서 아메리카(America)라는 대륙의 이름을 따고, 영국 식민지였던 13개의 주(州)가 연방으로 합쳐져서 이루어진 나라라고 해서 미합중국(The United States of America)이라는 명칭을 정해 나라 이름치고는 아주 이상한 이름을 갖게 된다. 하지만 미국의 독립은 독립선언과 국가명칭의 제정으로 그냥 이루어진 것이 아니라 그 이후로도 1783년까지 계속된 영국과의 독립전쟁을 치르고서야 완결되었다. 1787년 세계 최초로 성문헌법을 제정한 미국은 1789년에야 워싱턴을 초대 대통령으로 삼는다. 이 무렵 조선에는 서양으로부터 기독교가 전래되고 있었다.

이렇게 해서 미국의 독립은 완성되었지만 19세기에 접어들어서도 영국과의 마찰은 계속되었고, 결국 미국은 1812년에 영국과 또 한 차례 큰 싸움을 벌이게 된다. 미국의 승리로 돌아간 이 전쟁(the War of 1812)은 미국 국가를 탄생시킨 전쟁이 되었다. 곡조가 까다로워 부르기 어렵기로 유명한 미국 국가는 '별이 총총한 깃발(the Star-Spangled Banner)'이라는 제목을 갖고 있는데 국기인 성조기를 기리는 내용이다.

당시 스캇키(F. Scott Key)라는 사람이 미군의 전령으로 볼티모어 앞바다에 와 있던 영국 함정에 승선하여 하룻밤을 보내던 중 새벽녘에 일어나 아군의 진지를 바라보니 성조기가 밤새 터지던 포화를 견디고 그때까지도 펄럭이고 있는 모습에 감동하여 그 자리에서 써 내린 시(詩)이다. 이렇듯 그 노랫말이 전쟁을 치르던 중에 쓰여졌기 때문에 노랫말을 보면 로켓 포화의 붉은 섬광이라든가 공중에 작열하는 폭탄 등 전투장면이 묘사되어 있다. 모름지기 평화와 풍요를 희구하는 한 나라의 국가로서 어울리지 않는 듯하다.

그 이후로도 신생 미국은 유럽의 강대국들로부터 많은 시달림을 받는데, 이를 참다 못한 제5대 대통령 먼로(Monroe)는 1823년 미국은 더 이상 유럽제국의 식민 경쟁의 대상이 아니라고 선언하기에 이른다. '먼로주의'라고 부르게 된 이 선언 이후 미국은 서서히 세계의 강대국으로 발돋움하게 된다.

그러나 미국이 실질적인 강대국의 면모를 갖추게 되는 것은 영토를 크게 확장한 후의 일이다. 1803년 제3대 제퍼슨 대통령 당시 미국은 프랑스로부터 루이지애나 지역이라고 하는 대륙의 광대한 중서부를 천 5백만 달러라는 헐값에 구입하게 되고, 이로써 미국의 영토는 갑자기 두 배로 커진다. '루이지애나 구입(Louisiana Purchase)'이라고 부르는 이 사건은 이 후 뭔가를 아주 헐값에 사거나 거의 공짜로 얻게 되는 경우에 쓰는 관용적인 표현이 되었다.

또, 원래 스페인이 점령하고 있던 플로리다 반도를 조금씩 사들이던 미국은 1819년에는 반도의 전부를 영토로 삼게 된다. 이렇게 미국은 식민 강대국들이 선점했던 지역들을 싼값에 사들여 영토를 늘이는 한편 원주민들의 영역도 자국의 영토로 접수한다. 물론 여기저기서 원주민들로부터 격렬한 저항도 받았고, 그래서 시팅 불(Sitting Bull, 다코타 족의 추장), 제로니모(Geronimo, 아파치 족 추장) 같은 용맹한 추장이나 전사들의 이름이 전해지기도 하였다. 하지만 국가로서의 조직적 통치력과 군사력을 갖추지 못했던 원주민들은 미합중국 속으로 쉽게 함몰되고 만다.

이러한 영토확장 과정에서 '미국인들'은 원주민들을 학살하는 씻지 못할 죄를 저질렀다. 그러나 원주민을 학살한 사람들은 '미국인들'만이 아니었다. '미국'이 시작되기 훨씬 전부터 외지인과 원주민의 항쟁은 벌어지고 있었다. 대서양 연안에서는 네덜란드, 영국 등이 원주민과 싸웠고, 플로리다와 캘리포니아, 텍사스 지역에서는 스페인 사람들이 원주민을 정벌했으며 중서부에서는 프랑스인들이 원주민을 토벌했다. 또 북쪽의 광대한 캐나다 지역에서도 영국, 프랑스가 원주민 몰아내기를 벌였다. 기병대가 '인디언'을 몰아내는 영화 장면에 익숙한 우리들은 '미국'이 원주민들을 짓밟았다고 쉽게 말하고 있지만, 사실 그것은 '미국' 이전의 일들과 '미국' 이외의 일들을 헤아리지 않는 관점이다.

조금 비뚤어진 시각에서 본다면 남을 해치는 일이 인류 역사 그 자체였다고도 할 수 있다. 로마제국, 몽고제국, 아라비아제국, 나폴레옹의 역사에서부터 오늘에 이르기까지 인류 역사는 남을 해치는 역사였다고 할 수 있다. 일찍이 서구 열강은 도처에서 식민지를 경영하면서 남을 해쳤다. 대영제국은 인도,

파키스탄에서, 프랑스는 북아프리카와 동남아에서, 스페인과 포르투갈은 중남미와 필리핀에서, 네덜란드는 인도네시아에서 학살을 저질렀다. 히틀러는 유대인들을 해치고, 소비에트는 그 주변 국가들에서, 일본은 한국과 중국과 동남아에서 그리고 더 가까이는 보스니아와 유고슬라비아와 체첸과 아프리카와 중동에서 남을 해치는 일은 끊이지 않았다.

'미국'에 의해 학살당한 원주민들도 일찍부터 부족들 간의 다툼으로 서로를 해쳐 온 것 역시 사실이다. 어쨌든 씻지 못할 죄를 진 '미국'도 때와 상황에 따라서는 그들을 해치려는 사람들에 대항해서 싸우다가 죽기도 했다. 1836년 멕시코로부터 독립을 꾀하던 지금의 텍사스 지역의 주민들은 산타 안나(Santa Anna) 장군이 이끄는 멕시코의 대군에 대항에서 알라모(Alamo) 요새를 끝까지 지키다가 전원이 몰사하는 사건을 남기기도 했다.

1876년 병자년 5월 그랜트 대통령은 미국독립 100주년 기념 세계엑스포 개막을 위해 필라델피아로 향한다. 전등, 전화, 타자기, 내연기관, 증기기관 등이 처음으로 선을 보인 이 엑스포에는 당시 미국 인구의 5분의 1인 천만 명이 참관했다. 그러나 그 당시 미국은 1861년부터 1865년까지 벌어졌던 남북전쟁의 깊은 상흔을 안은 채 최악의 경제불황에 빠져 있었다. 미국이 겉보기엔 화려했지만 씁쓸한 백 번째 생일을 보낼 즈음 조선에서는 일본과 강화도에서 병자수호조약이 체결되고 있었다.

그러나 19세기 중엽 미국의 서쪽이 열리기 시작하고 있을 때 동쪽에서는 심각한 갈등이 빚어지고 있었다. 그것은 건국 이전부터 들어와 있던 흑인 노예들에 관한 문제였다. 문명의 발전과 함께 인간의 무지함과 몽매함도 깨어나기 마련이고, 특히 하늘 아래 만인평등이라는 이상을 실현하기 위해 미국으로 건너 온 청교도들에게 노예제도는 그들의 이념과 어긋난 것이었다. 하지만 너른 땅에 목화밭 등 많은 농토를 경작하던 남쪽 지방의 사람들에게 흑인 노예를 풀어 주라는 것은 농사를 그만 지으라는 말과 다름없었다. 결국 이 노예제를 둘러싼 남북 간의 갈등은 1861년부터 1865년까지 피비린내 나는 내전을 일으키게 된다.

우리는 이를 남북전쟁이라고 부르지만 미국인들은 '내전(The Civil War)'이라고 부르고 있다. 펜실베이니아와 메릴랜드의 경계선(Mason-Dixon Line)을 분기점으로 노예제 폐지를 주장하는 18개 주의 북부(The Union)와 존속을 고집하는 11개 주의 남부(The Confederacy)는 치열한 싸움을 벌인다. 그 무렵 미합중국에 가입된 주는 독립 당시의 13개 주에서 34개 주로 늘어나 있었고, 서부의 캘리포니아와 오리건이 가입한 직후였으며, 메릴랜드, 켄터키, 미조리는 남북 사이에서 거취를 분명히 하지 않은 상태였다.

남부는 미시시피 주 출신의 제퍼슨 데이비스(J. Davis)를 대통령으로 삼고 버지니아 주의 리치몬드에 수도를 정한 후 남부의 백악관까지 설치한다. 회색 군복을 입은 남군은 리(R.E. Lee), 잭슨(S. Jackson) 장군 등의 지휘 아래 파란 군복을 입은 북군을 양키라고 경멸하면서 분전한다. 그러나 결과는 그랜트 (U. Grant) 장군이 이끈 북군의 승리로 끝이 난다.

남부가 북부보다 그 면적은 조금 더 컸지만 인구는 북부가 남부의 두 배에 달했고, 특히 남부 인구의 약 40%는 흑인 노예였다(당시 미국의 총인구는 약 3천 1백만 명, 노예 인구는 약 12% 정도인 약 4백만 명으로 추산되는데, 이는 현재 미국 인구 중 흑인의 비율과 거의 비슷한 숫자이다). 병력으로도 남군은 약 100만 명이었지만 북군은 200만 명이 넘어 남부의 패배는 예정된 것이나 다름없었다.

1863년 1월 노예해방령(Emancipation Proclamation)을 선포한 제16대 대통령 링컨은 그 해 11월 펜실베이니아의 게티스버그에서 "인민의, 인민에 의한, 인민을 위한 정부는 멸망치 않으리(Government of the people, by the people, for the people shall not perish)"라는 명연설을 남긴다. 1865년 4월 위싱턴 소재 포드 극장에서 암살당한 링컨은 미국인들의 가슴 속에 가장 위대한 대통령으로 영원히 남게 되었다.

어쨌든 이 Blue-Grey 내전은 남북을 합쳐서 60만 명 이상의 목숨을 앗아갔고, 이는 독립전쟁 이후 지금까지 미국이 치른 여타의 모든 전쟁에서 죽은 사람보다 많은 숫자이다. 그 때문에 남북전쟁은 미국에 오랫동안 깊은 상처와 후유증을 남기기도 했지만, 그것이 남부지역의 지체된 산업화와 인종갈등을 개선하고 해소하는 커다란 기폭제가 된 것도 사실이다.

미국이 남북전쟁의 잿더미와 상처를 딛고 본격적인 경제도

약을 이루게 된 것은 1870~1900년 사이 산업혁명으로 기초 산업이 급격히 팽창하던 길드 시대(Gilded Age)였다. 기계화, 자동화에 의한 상품의 대량생산시대를 열게 된 이 무렵부터 AT&T, 체이스 은행, 엑손 석유, GE, 웨스팅하우스, 존슨&존슨, 코닝, 프록터&갬블 등 대기업의 전신들이 이미 뿌리를 내리기 시작했고 뉴욕증권거래소, 「월스트리트저널」도 이때 출발한다.

그러나 초강대국으로 가는 미국의 길이 늘 순탄하기만 한 것은 아니었다. 1871년 시카고 대화재, 1906년 샌프란시스코 대지진, 1910~1920년대의 금주령, 1930년대의 대공황 등 많은 어려움이 계속 미국을 덮쳤고, 게다가 1918년의 제1차세계대전, 1941년 12월 진주만 피격에 이은 제2차세계대전을 비롯해서 1950년대의 한국전쟁, 1960년대의 베트남 전쟁, 1990년대의 걸프전, 2000년대의 아프간, 이라크 전쟁에 이르기까지 미국은 세계 도처에서 크고 작은 전쟁에 자의반 타의반으로 참전하게 되어 많은 피를 흘린다. 미국 전역에 세워진 수많은 전쟁기념물과 VFW(Veterans of Foreign Wars)라는 해외 참전용사들의 모임이 이를 잘 말해 준다.

20세기 중반 이후에도 미국에서는 1962년 쿠바 위기, 1963년 케네디 암살, 1968년 마틴 루터 킹 암살, 1972년 워터게이트 사건 등이 연이어 터진다. 1976년 포드 대통령은 미국의 200번째 생일을 축하하지만, 워터게이트 사건으로 닉슨 대통령이 사임하고 베트남 전쟁에서 미국이 패전한 뒤라 역시 씁

쓸한 생일잔치가 되고 만다. 그런가 하면 제2차세계대전 후 소비에트 공산진영과 벌여온 미국의 냉전은 1989년까지 계속 된다.

그러던 중에도 미국은 U.N. 창설을 주도하여 뉴욕에 본부 를 유치하고, 세계의 맏형 노릇을 하면서 일곱 번의 (하계 및 동계) 올림픽과 12번 이상의 세계 규모 엑스포를 치른다. 일찍 부터 컴퓨터와 인터넷을 개발하는 등 과학기술 분야에서도 첨 단을 걸어온 미국은 1969년에는 인류 최초로 달에 사람을 보 내 세상을 깜짝 놀라게 한다. 미국의 라이트 형제가 1903년 최초의 비행에 성공한 지 불과 66년 만에 미국은 사람을 달에 착륙시킨 것이다.

이렇게 초강국의 면모를 과시하면서 근세 이후 세계 속에 미국의 평화(Pax Americana)를 심어가며 자유와 번영을 구가해 오던 미국은 2001년 9월 11일 전대미문의 어마어마한 테러 참사를 당하고 지금껏 테러와의 힘든 전쟁을 치르고 있다. 그 렇지 않아도 코카콜라, 맥도널드, 할리우드로 상징되는 미국 의 상업주의와 대중문화는 세계 여러 곳으로부터 질타와 증오 를 받아오던 차였는데, 9.11 테러로 미국이 추구하는 자유, 평 등, 정의, 번영이라는 가치관 자체가 크게 도전받게 된 셈이다. 미국이 그동안 주도해 오던 세계화, 일방적 패권주의, 신자유 주의가 빚어낸 자업자득의 결과라는 비난 또한 거세다.

반만 년의 역사를 헤아리는 한국에 비해서 고작 227년의 역사를 지닌 미국은 아직도 나이가 어린 나라이다. 그래서 지금 우리 주위에 있는 많은 것들을 우리가 그들보다 먼저 시작했을 법한데 사실은 그렇지 않다. 헌법을 제정해 민주주의의 토대를 마련한 것이나 대학을 지어 연구하고 교육하기 시작한 것도 그들이 먼저였고, 야구장을 지어 야구시합을 한 것이나 청바지를 만들어 입기 시작한 것도 그들이 먼저였으며, 자동차나 비행기를 만들고 인터넷을 개발하고 달에 착륙한 것도 그들이 먼저였다. 한마디로 미국의 역사는 짧지만 길다. 어쨌거나, 역사의 길고 짧음을 얘기하기 전에 먼저 서로의 역사를 존중해야 하지 않을까.

복도의 양쪽에서 정치하는 나라

조지 W. 부시 대통령은 미국의 제43대 대통령이다. 그런데 19세기 말에 22대 대통령을 지낸 그로버 클리블랜드가 23대 벤저민 해리슨 대통령의 뒤를 이어 다시 24대 대통령으로 취임한 일이 있기 때문에 실제 대통령의 숫자로 봤을 때 부시 대통령은 마흔 두 번째이다. 초대 대통령 조지 워싱턴 이래 미국은 지금까지 마흔 두 명의 대통령을 선출한 것이다.

미국 민주주의의 근간은 1787년에 제정된 헌법이다. 세계 최초의 국가적 성문헌법인 미국 헌법은 원래 전문과 7개 조항으로 되어 있었지만, 그 후 27개의 수정조항(Amendments)이 첨부되었다. 수정조항이 원래의 조항보다 많아서 배보다 배꼽이 커진 셈인데 이는 당초의 미국 헌법이 얼마나 간결했는가를 말해 주기도 한다. 그 중에서도 처음 열 개의 수정조항은 이른바 '권리장전(The Bill of Rights)'이라고 하여 표현, 언론, 종교의 자유 등 인간의 가장 기본적인 자유와 권리를 천명(闡明)한 것으로 유명하다.

미국식 민주주의는 대통령의 권한이 강하다는 특징도 있지만 어디까지나 입법, 사법, 행정의 3부가 엄격히 분립되어 서로 견제하며 균형을 이룬다는 원칙에 입각하고 있다. 미국의 수도 워싱턴의 도시계획을 맡았던 피에르 랑팡(Pierre L'Enfant)은 이 삼권분립의 개념을 반영하여 도시를 설계하였으며, 그 주변에 있는 워싱턴 기념비, 제퍼슨 기념관, 링컨 기념관도 앞서 간 위대한 대통령들이 정부의 지도자들에게 선정(善政)을 베풀 것을 늘 주시하고 독려한다는 의미로 배치되었다고 한다.

미국의 국회의사당은 캐피털(The Capitol)이라고 하는데 작은 언덕 위에 의사당이 위치해 캐피털 힐(The Capitol Hill) 또는 힐(the Hill)이라고도 한다(한국의 국회를 '여의도'라고도 표현하는 것과 같다). 미국의 의회 자체는 영국의회(Parliament), 일본의회(Diet), 한국의회(National Assembly)라는 명칭과 달리 캉그레스(Congress)라고 부르는데, 상원(Senate)과 하원(House of Representatives)의 양원으로 구성되어 있다.

상원은 50개 주에서 2명씩 선출된 100명의 상원의원으로 구성되는데 2년마다 3분의 1씩 개선(改選)된다. 상원의 임기는 6년으로 비교적 긴데다가 계속 연임할 수 있어 미국에는 장수하는 상원의원이 많이 있다. 사우스캐롤라이나 주 출신의 스트롬 써몬드(Strom Thurmond) 공화당 상원의원은 여덟 번이나 재선되었는데, 2003년 1월 100세의 나이로 은퇴하여 나이로나 재직기간으로나 역사상 최장수(48년) 상원의원이 되었다.

상원의 의장은 부통령이 당연직으로 맡게 되어 있고, 의장(부통령) 유고시에는 임시의장이 대행하는데 임시의장직은 관례상 다수당의 원로 상원의원이 맡는다. 2003년 현재 미국의 상원은 공화당이 51석(민주당 48, 무소속 1)으로 다수당을 차지하고 있다. 1932년 아칸소 출신의 캐러웨이라는 최초의 여성 상원의원이 선출된 이래 지금까지 미국 상원에는 33명의 여성 상원이 있었고, 현재는 14명이 재직중이다. 또, 소수인종으로 상원의원을 지낸 사람은 흑인(4), 히스패닉(3), 원주민(3), 아시아계(일본계 4, 중국계 1) 등 15명이 있는데, 한국계로는 아직 상원의원이 된 사람이 없다.

'Representative' 또는 'Congressman'이나 'Congresswoman'이라고 부르는 미국의 하원의원은 인구 약 65만 명당 1명씩 선출하는데 현재 숫자는 435명이다(참고로 한국의 경우 약 15만 명당 한 사람의 국회의원이 선출되는데, 그래서 한국에는 국회의원이 '너무' 많다는 얘기도 나온다). 하원에는 또 정식 의원 외에 의결권이 없는 지역대표들이 있는데 수도인 컬럼비아 특별지구(워싱턴)와 버진아일랜드, 괌, 사모아 그리고 푸에토리코에서 각각 한 명씩의 대표가 참가하고 있다. 2003년 현재 하원에는 62명의 여성 의원이 있고, 공화당이 229석(민주당 205, 무소속 1)으로 다수당을 차지하고 있다. 하원의원의 임기는 2년밖에 안 되어 자주 바뀌는데, 그래도 여러 번 재선되어 20~30년씩 하원에서 활동하는 의원도 많이 있다.

미 정계의 양대 산맥인 공화당(Republican Party)과 민주당(Democratic Party)은 각각 코끼리와 당나귀가 그 상징이며, 전통적으로 공화당은 보수적(conservative), 민주당은 진보적(liberal)이라는 이념적 간판을 내걸어 왔다. 사람들은 종종 공화당을 가리킬 때 그 별칭인 'Grand Old Party'를 줄여서 GOP라고 부르고 민주당도 역시 DEMS라고 줄여서 부르는데, 전통적으로 의사당 내에서 GOP와 DEMS의 자리가 복도를 사이에 두고 좌우로 갈라져 있기 때문에 '복도의 양쪽(both sides of the aisle)'이라는 표현이 생겼다.

재미있는 것은 미국의 정당은 한국처럼 공식적인 사옥이나 사무실이 따로 없고 지역마다 상설된 지구당도 없다는 것이다. 또, 당수나 당대표 또는 최고위원 같은 공식적인 당의 '감투'도 없고, 다만 원외에 전당대회 의장이 있으며 원내에는 당을 대표하여 소속 의원들을 이끄는 리더(leader)와 원내총무(whip)가 있을 뿐이다.

공화당은 그동안 링컨, 아이젠하워, 닉슨, 포드, 레이건, 부시 부자 등을 백악관의 주인으로 배출했고 민주당은 윌슨, 루스벨트(FDR), 트루먼, 케네디, 존슨, 카터, 클린턴 대통령 등을 배출해 왔다. 펜실베이니아 애비뉴 1600번지에 자리잡고 있는 미국 대통령의 관저 백악관(the White House)은 1800년에 건립되어 제2대 존 애덤스부터 사용하기 시작했는데, 1812년 영미

전쟁중 불에 타 중건되기도 했다. 지하 2층, 지상 4층으로 132개의 방과 32개의 화장실, 27개의 벽난로, 12개의 굴뚝, 3개의 엘리베이터를 가진 백악관은 9.11 테러가 일어나기 전까지만 해도 하루 평균 6천 명의 방문객을 맞고 있었다.

미국 대통령선거는 국민들이 먼저 선거인단(electoral college)을 뽑고, 이 선거인단이 모여서 대통령을 선출하는 특이한 방식으로 이루어져 있다. 지난 2000년 대선에서 플로리다 주의 개표가 문제되었던 것도, 어느 당 후보가 그 주에서 한 표라도 더 얻으면 그 주 전체의 선거인단을 차지하기 때문이고, 이로써 당락이 바뀌는 상황이었기 때문이다. 4년 임기에 한 번 중임이 허용되어 있는 미국 대통령에 당선되려면 미국에서 태어난 사람으로 35세가 넘어야 하며 14년 이상 미국에서 거주한 사람이어야 한다.

백악관 내의 오발 오피스(Oval Office)에서 집무하는 대통령은 안보, 경제 등 여러 분야에 참모와 비서진 그리고 대통령 비서실장(White House Chief of Staff)을 두고 있다. 내각(the Cabinet)은 국무부(Department of State)를 비롯해서 재무, 국방, 법무, 내무, 농무, 상무, 노동, 주택 및 도시개발, 교통, 에너지, 건강 및 복지, 교육, 국내안보, 재향군인의 15개 부처가 있다. 각 부의 장관은 Secretary라고 부르지만 법무장관만은 Attorney General이라고 한다.

내각 이외에 행정부의 부처로는 중앙정보국(CIA), 연방수사국(FBI)을 비롯해서 국세청(IRS), 연방지불준비위원회(FRB), 증권시장위원회(SEC), 항공우주관리국(NASA), 마약통제국(DEA), 알코올/담배/총포관리국(ATF), 식품/의약품관리청(FDA), 환경보호국(EPA) 그리고 영리사업을 하는 미국의 유일한 정부기구인 미국 우정청(USPS)이 있다. 지난 150년 동안 미국의 이민, 귀화, 영주권, 시민권 등의 사무를 다루어 오던 이민국(INS)은 최근 신설된 국내 안보부에 편입됨으로써 역사 속으로 사라졌다.

미국의 사법부는 9명의 대법관으로 구성된 연방대법원(U.S. Supreme Court)이 관할하고 있다. 의회의 인준을 거쳐 대통령이 임명하는 대법관은 그 명칭이 숫제 정의(Justice)라고 되어 있어 그들이 바로 정의 그 자체를 대변한다는 인상을 준다. 이들은 종신직이며, 미국인들은 대법관들의 임기를 "몸이 다할 때까지 아니면 올바른 품행을 지속할 때까지(for life or good behavior)"라고 표현하고 있다.

현재 미국의 대법원은 1972년에 대법관에 임명되고 1986년에 대법원장(Chief Justice)에 오른 윌리엄 랜퀴스트 대법관이 수장을 맡고 있으며, 오코너와 긴즈버그라는 2명의 여자 대법관도 포함되어 있다. 연방대법원 밑에는 고등법원 또는 항소법원(Court of Appeals 또는 Appellate Court)이 있고, 또 각 지역에는 순회법원(Circuit Court)이 있다. 각 주가 자치권을 가진 미국에서는 사법권도 각 주에서 독자적으로 관할하고 있기 때문에 많은 사건들이 주에서 관장되고 오직 연방에 관련된 사안만이 연방사법부에서 다루어진다.

연방대법원은 어떤 사항의 합헌성, 즉 위헌 여부를 가리는 판결을 많이 다루고 있다. 예컨대 1973년 낙태를 합법화한 로우 v. 웨이드(Roe v. Wade) 사건은 미 대법원이 내린 역사적인 판결로 기억되고 있다. 회기가 9개월 단위로 되어 있는 미 연방대법원은 한 회기 중 약 80건의 사건을 다루는데, 2000년 대통령선거를 둘러싼 플로리다 주의 재검표 작업을 중단시킨 판결, 지체 부자유 골프 선수에게 골프 카트를 타고 대회에 출전할 수 있도록 한 판결, 장애자들의 고용보호도 회사의 합법적인 규정을 넘어설 수는 없다는 판결, 종교단체가 운영하는 학교의 학생들을 정부가 보조하는 것은 정교분리원칙에 어긋나지 않는다는 판결, 정신지체자들에 대한 사형집행은 위헌이라는 판결 등이 최근 주목을 끌었다.

엉클 샘(Uncle Sam)이라는 별칭을 가진 연방정부의 주변에는 각종 단체나 그룹들이 자기들의 이해관계가 걸린 사항들에 대해 유리한 정책을 유도해 내기 위하여 관청의 로비를 들락거리며 활동하고 있는데, 그래서 이들을 로비스트(lobbyist)라고 부른다. 정부에 직접, 간접으로 영향력을 행사하는 민간단체들 또한 많다. 전국유색인권익협회(NAACP), 민권연합(ACLU), 전국소총협회(NRA), 전국여성기구(NOW), 노조총연맹(AFL-CIO), 그린피스(Green Peace) 그리고 여러 비정부기구(NGO)들이 그 예다.

정부 주변에는 또 정책 수립과 집행에 관한 연구조사, 자문 활동을 하는 이른바 싱크 탱크(think tank)들이 많이 있는데 미국 기업연구소(American Enterprise Institute), 브루킹스 연구소(Brookings Institution), 헤리티지 재단(Heritage Foundation), 케이토 연구소(Cato Institute), 후버 연구소(Hoover Institute) 등이 잘 알려져 있다. 워싱턴에서 벌어지는 정치활동에 대해서 여러 가지 분석과 논평을 하는 정치평론가들도 있는데 이들은 워싱턴 순환고속도로(Beltway) 주변에서 탁상공론이나 일삼는 패거리(Beltway Pundits)라는 경멸적 표현의 대상이 되기도 한다.

이처럼 미국의 정치도 이래저래 복잡하다. 하지만 한국의 정치 현실과는 다르다. 우선 미국에서는 정치에 대한 기대수익이 높지 않다. 훌륭한 정치가가 지도자로서 존경의 대상이 되는 것은 물론이지만, 일반적으로 어떤 사람이 정계에 진출했다고 해서 이를 큰 벼슬이나 감투라고 여기거나 그에 따르는 권력과 물질적인 반대 급부를 기대하지는 않는다. 우리가 공직(公職)이라고 표현하듯 그들은 정치를 공공 서비스(public service)라고 생각할 뿐이다.

반면 일찍부터 관(官) = 권(權) = 금(金)이라는 등식이 지배해 온 한국에서는 아직도 정치에 대한 기대수익이 지나치게 높다고 할 수 있다. 기대수익뿐 아니라 그동안 한국의 정치에서는 실질수익 또한 높았던 것이 사실이다. 지금까지 마흔 두 명의 대통령을 '부려' 온 미국에 비해서 한국은 몇 안 되는 대통령을 '섬겨' 왔지만, 그 몇 안 되는 한국 대통령들이 하나같이 명예로운 퇴장을 하지 못하고 부끄러운 모습을 보여 왔던 것도 그들이 재임중에 '챙겼던' 지나친 정치수익(권력이든 금력이든)이 문제가 된 것이라고 할 수 있다.

정치에 대한 지나친 기대수익은 결국 정치에 대한 만성적

초과수요를 빚게 된다. 한국에서는 탤런트도 사업가도 운동선수도 가수도 대학교수도 운동권 학생도 시민운동가도 재외동포도 조금만 이름을 '날리게' 되면 정치지망생이 되는 경우가 많다. 정치에 대한 수요가 크기 때문에 공급도 따라서 커지게 된다. 그래서 한국에는 국회의원의 숫자도 많고, 당수, 당대표, 당고문, 최고위원 등 정치판의 감투자리도 많고, 상설 지구당이 존재하고, 지구당대회나 전당대회 등이 수시로 열리는 등 온 국민이 정치에 혈안이 되어 있다.

이른바 대의(代議) 민주주의에서 주권자는 엄연히 국민이다. 하지만 정치에 대한 과잉 수요공급은 국정을 비효율적, 비생산적으로 만들기 쉽다. 민의수렴이니 참여정치니 하는 이름 아래, 또 인터넷 같은 편리한 수단을 이용해서 온 국민이 국정의 모든 사항에 필요 이상의 신경을 쓰면서 정책결정과 집행에 일일이 간섭하는 것은 자칫 중우(衆愚)정치가 될 우려를 낳는다. 뽑아 놓고는 나 몰라라 하는 무관심도 큰 문제지만, 정치에 대한 과도한 간섭과 참여 또한 문제가 아닐 수 없다. 그것은 결국 리더(leader)만 있고 활로워(따르는 사람, follower)는 없는 혼란을 일으킨다. 전국민이 박사학위를 받을 필요도 없고 받을 수도 없는 것처럼, 전국민이 정치가가 될 필요도 없고 될 수도 없다.

각국이 '작은 정부 만들기'에 노력을 기울이면서 경제발전과 안정을 최우선에 두고 있는 이 시대에 한국의 이상적인 정치 비대 현상은 더욱 두드러진다. 당수도 당사도 없이 그저 복도의 양쪽에서 정치하고 있는 미국의 경우를 봐도 그렇다. 그래서 지금이라도 누군가가 정치는 '작을수록 좋다'는 동서고금의 진리를 한국의 위정자들에게 상기시켜 주고, 또 지금이라도 누군가가 정치해 봤자 '생기는 것'이 없더라는 것을 한국 국민들에게 철저히 알려 주어야 한다. 그래서 정치는 무엇을 얻는 것이 아닌, 즉 주는 것이라는 것을 깨달아야겠다.

하나님, 아니 달러를 믿는 나라

'그린백(Greenback)'이라는 별칭으로도 불리는 미국 달러(dollar)화에는 '하나님을 우리가 믿노라(In God We Trust)'라는 미국의 표어가 담겨 있다. 그런데 미국 내에서는 물론 밖에서도 모두 달러를 벌기 위해서 애쓰는 것을 보면, 이 말보다는 '달러를 우리가 믿노라(In Dollars We Trust)'라고 하는 표현이 더 적합할 것 같다.

달러화는 과연 세계의 화폐로 통용되고 있다. 현재 유통되고 있는 약 6천억 달러의 미화 중에서 3분의 2가 미국 밖에서 사용되고 있다. 파나마, 에콰도르와 같이 달러를 아예 자국의 통화로 삼고 있는 나라도 있지만 그 외에도 세계 어디서나 달러가 통하지 않는 곳이 없을 정도이다.

'달러를 믿노라'라는 말은 미국 경제를 믿는다는 말도 된다. 미국 경제가 이른바 자유시장경제를 바탕으로 하는 철저한 자본주의경제라는 것은 명백한 사실이다. 소비에트 중심의 공산주의체제가 몰락한 것도 서방의 군사력이라기보다 바로 미국의 자본주의 시장경제 때문이라는 분석도 있다. 지금은 중국역시 시장경제를 지향하고 있으며, 마치 공산주의의 마지막 보루처럼 보이던 북한까지도 사회주의적 자립경제가 헛된 꿈이었음을 뒤늦게 깨닫고 시장경제로의 전환을 모색하고 있다.

그런데 미국 경제가 자유시장경제(Free Market Economy)라는 말을 음미해 볼 필요가 있다. 우선 자유라는 말은 여기서 무엇을 의미하는가? 그것은 일단 자유로운 경제활동을 의미한다고 이해할 수 있다. 개발도상국에서는 경제활동에 대한 정부의 간섭과 규제, 지도와 감독이 계속되고 있어 미국에 비해 상대적으로 덜 자유롭다. 하지만 자유경제를 얘기하기 위해서는 먼저 그 나라의 경제가 민간인들에 의해서 주도되는 경제여야 한다는 전제가 필요하다.

즉, 자유경제는 공경제가 아닌 사경제를 전제로 한다. 오늘날 대부분의 국가들이 대부분 자본주의를 추구하고 있으므로 공경제보다는 사경제의 모습을 띠고 있지만, 자세히 보면 각국에서 아직도 공경제가 차지하는 몫이 상당히 크다는 것을 알 수 있다. 전기, 전화, 철도(지하철), 항공, 수도, 가스, 우편, 금융, 신문, 방송, 철강, 조선, 자동차, 석유, 방위산업, 화학, 컴퓨터, 우주개발, 교육, 관광, 알코올, 소금, 담배 그리고 인삼 같은 특산물에 이르기까지 각국에는 오래전부터 정부가 독점 경영하는 사업이 많았고, 지금도 많은 나라가 여러 분야에서 국영기업을 거느리고 있다.

어떤 사람이 사업을 하는데 정부가 여러 가지로 크게 간섭하거나 처음부터 그 사업에 손대는 것 자체를 정부가 허용하지 않는다면 자유를 얘기할 의미가 없어진다. 미국의 경제가 자유롭다는 말에는 이런 의미가 담겨 있다. 다른 나라에는 아직도 공경제의 덩치가 크게 남아 있지만, 미국 경제는 (우편 등 극소 부분을 제외하고) 모두가 사경제 활동으로 이루어지고 있어 더더욱 자유경제라는 얘기를 하게 된다. 그래서 여러 나라에서 볼 수 있는 국영방송 같은 것도 미국에는 없다. 미국에서는 한국에서 자주 들려오는 '정부, 공공요금 인상 불허키로' 와 같은 얘기도 들리지 않는다.

시장경제라는 것은 또 무엇인가? 이것 또한 보통 정부가 경제활동을 규제, 간섭하지 않고 시장에 맡긴다는 의미로 이해할 수 있지만 그와 아울러 '시장을 중심으로', 즉 실물시장과 더불어 증권시장 또는 자본시장을 중심으로 움직이는 경제라는 뜻도 포함한다. 정부의 간섭을 받지 않는 민간경제 또는 자유경제라고 해서 모두가 다 시장경제라고는 할 수 없다. 자본의 주된 흐름이 정부기관이나 은행 같은 매개체를 통하는 것이 아니라 자본시장의 직접금융활동 등과 같이 시장 자체의 기능으로 이루어질 때 이를 시장경제라고 할 수 있다.

따라서 미국 경제를 시장경제라고 지칭하는 것은 전통적으로 은행을 중심으로 자본의 융통을 도모해 온 일본이나 독일의 경제와도 다르다는 것을 의미한다. 요즈음은 일본, 독일을 포함한 세계 각국이 자본(증권)시장을 크게 육성하고 있지만, 굳이 전통적인 구분을 한다면 일본, 독일 등은 은행 중심의 경제인 반면 미국은 시장 중심의 경제라고 할 수 있다. 원래 은행 중심의 경제구조였던 한국은 80년대 이후 자본시장의 육성을 적극적으로 추진해 왔지만, 아직 취약한 상태인데다가 은행의 경쟁력도 낙후되어 있다는 지적을 받고 있다.

미국 경제는 정부 중심도, 금융기관이나 재벌 중심도 아니고 오로지 수많은 기업과 소비자/투자자를 직접 연결해 주는 시장 중심의 경제이다. 이렇게 보면 미국의 자유시장경제라는 것이 개인 중심주의, 만인평등주의라는 그들의 가치관을 그대로 반영하는 것이며, 결국 그런 점에서 정치체제 등 그들의 다른 제도와 다를 바가 없다는 것을 알게 된다. 결국 미국이라는 나라는 다양한 사람들이 모여 살고 있지만 그 문화의 바탕에는 개인적 평등주의와 과학적 합리주의라는 일관된 가치관이 깔려 있으며, 이것이 정치·경제·사회의 각종 제도와 규범을 지배하고 있다고 할 수 있다.

이는 종종 '자전거를 타고 가는 갓 쓴 노인'으로 비유되는 한국의 현실과 대조된다. 이 말은 공동체를 앞세우는 유교적 가치관의 바탕 위에 시장경제와 주주 중심의 기업지배구조 등의 서양식 개인주의적 가치관에서 비롯된 여러 가지 제도를 얹어 놓은 한국 사회의 모순적 구조를 가리키는 말이다. 이렇게 갓을 쓰고 자전거를 타고 가는 모습을 멋지고 아름답게 보는 시각도 있을 테지만, 어쩐지 여기서는 서로 다른 가치관의 조화와 상승효과보다는 오히려 가치관의 충돌을 보는 느낌이다.

미국의 국내총생산(Gross Domestic Product: GDP)은 약 11조 달러에 이르는데 이는 원화로 1경(京)이 넘는 어마어마한 숫자이다. 세계 최대 규모인 미국 경제는 2위인 일본의 두 배가 넘고, GDP가 5천억 달러에 조금 못 미치는 한국 경제보다는 20배 이상이다. 10월부터 이듬해 9월까지를 회계 연도(fiscal year)로 하는 미국 연방정부의 일년 예산이 2조 달러를 넘고 있는 미국 경제는 실로 거대한 괴물이라고 할 수 있다.

결국 미국 경제는 자본주의를 가장 철저하게 실천하고 있는 셈이다. 그러나 이 대목에서도 예의 미국을 헐뜯는 무리들은 미국식 자본주의를 패거리 자본주의(crony capitalism)라고 하며 매도한다. 돌아서서는 그들 스스로도 미국식 자본주의 덕에 피자, 청바지, 인터넷, 휴대전화, 골프, 시트콤, 애니메이션, 해외여행, 비아그라(Viagra) 그리고 월드컵 축구 등을 한껏 즐기고 있다는 것은 아이러니컬하다(요즘 한국에서는 아파트를 '굴려서' 치부하고 축재하는, 이른바 '재테크'를 못하면 칠거지악(七去之惡) 중의 하나쯤으로 여기게 된 것 같다. 그래서 한국이 만일 자본주의 사회가 아니었다면 어땠을까 하는 생각도 든다. 서울 강남에 그리 크지 않은 빌딩이라도 하나 가진 사람들은 힘 하나 들이지 않고 그렇게 '풍요로운' 생활을 하게 된 것에 대해서 매일매일 자본주의에 감사하며 살아야 마땅할 텐데, 그래도 미국식 자본주의를 싫다고 할 것인지. 이제는 '달동네'라는 것이 사라진 지 오래됐다고 하는데도 아직 자본주의를 시기하는 목소리가 들리는 것이 이상할 뿐이다).

흔히 미국은 개인주의가 지배하는 나라라고 한다. 그러나 미국식 개인주의에 깔려 있는 생각은 결코 사회를 부정하거나 공동체를 무시하는 생각이 아니다. 그것은 어디까지나 개인과 개인의 관계에서 사회적 교류를 전제로 하는 개인의식을 의미한다. 미국식 개인주의(Individualism)는 '개인' 중심주의이지 결코 이기주의(egoism)를 의미하지도 않고, '자기' 중심주의(egotism이나 self-centeredness)를 의미하지도 않는다. 또한 그들의 개인 중심주의의 바탕을 이루는 철학은 감정적이거나 상황적이지 않고 이성적, 논리적, 과학적이다.

따라서 그들의 사고와 행동은 정(情)이나 고리[緣]에 크게 휩쓸리지 않는다. 나와 남을 개개인으로서 동등하게 존중하고, 합리성, 실용성, 대중성을 바탕으로 사고하고 행동한다. 그것이 결국 대의제를 기본으로 하는 미국식 민주정치를 낳게 하고, 또 여기서 말하는 자유경쟁을 바탕으로 하는 미국식 시장경제를 낳게 했다.

여기에 미국식 자본주의를 접하는 외부 사람들이 주의해야 할 점이 있다. 미국식 자본주의가 무조건 나쁘다고 전혀 거들떠보지 않는 것도 문제가 될 수 있겠지만, 반면에 무턱대고 따라해서도 안 된다. 철저한 개인 중심주의와 이성적, 과학적, 합리적, 실용적 사고를 바탕으로 하는 자유경쟁의 시장체제가 갖추어져 있지 않은 상태에서 섣불리 미국식 자본주의를 흉내내는 것은 곤란하다는 말이다.

최근 미국 경제는 소위 신경제의 거품이 걷히면서 9.11 테러 사건 그리고 연이은 회계부정사고, 전쟁 등으로 큰 타격을 받고 아울러 증시도 침체를 계속해 왔다. 그래서 이제 미국주식회사(Corporate America)도 몰락의 길로 접어든 것이 아니냐는 분석이 나오기도 한다. 그러나 언제나 그랬듯이 경제현상의 분석과 진단이라는 것은 실로 예측하기 힘든 일이다. 특히 오늘날과 같이 도처에 불확실성이 깔려 있는 상황에서는 더욱 그렇다.

하지만 이제 어마어마하게 커져버린 미국 경제는 세계 최고의 경쟁력, 기술력, 생산성을 가진 것은 물론 방대한 소비자 경제를 바탕으로 자구력, 복원력과 함께 끈질긴 지구력, 저항력을 지닌 것으로 평가받고 있다. 게다가 이미 하나의 고리로 연결된 글로벌 경제의 틀에서 미국 경제가 담당하는 기능과 역할을 감안할 때 세계는 미국 경제의 침체를 방기할 수 없다는 경제의 상호연대 역시 작용하고 있다. 미국 경제의 앞길에 많은 도전과 시련은 있겠지만, 앞으로도 여전히 "달러를 우리가 믿노라(In Dollars We Trust)"는 구호는 계속될 것이다.

교육에 신경 쓰는 것 같지 않는 나라

　미국의 유치원이나 초등학교 저학년 학급에는 '쇼앤텔(show-and-tell)'이라는 프로그램이 있다. 어린이들이 주말이나 휴가를 끝내고 다시 학교에 갈 때 그 주말·휴가에 자기가 갔던 곳, 보았던 것, 경험했던 것과 관련된 것을 하나씩 가져와 선생님과 급우들에게 보이며(show) 얘기하는(tell) 프로그램을 말한다. 더러는 사진을 가져오기도 하고, 더러는 선물 받은 장난감이나 여행지에서 산 기념품을 가져오기도 한다. 꼬마들이 서툰 말솜씨로 더듬거리는 '쇼앤텔'을 보고 있노라면 귀엽기도 하고 대견해 보이기도 한다.

　이제는 한국에도 이와 비슷한 교육방법이 채택되고 있는 것 같은데, 이 '보여 주며 말하기'야말로 진정한 미국 교육의 첫발이라고 할 수 있다. 미국 학생들의 전반적인 학력 저하를 비롯해서 학교 안팎에서 빈발하는 총기사고나 흡연, 음주, 마약, 섹스를 둘러싼 학원 범죄 등으로 오늘날 미국의 교육이 위기에 처해 있다는 분석이 나오고 있는 것은 사실이다. 하지만 미국의 교육은 아직 살아 있고 경쟁력이 있다고 분석할 수도 있다. 그것은 미국의 대학, 대학원 등 고등교육이 세계 최고 수준을 유지하고 있는 것으로도 알 수 있는데, 아마도 '쇼앤텔' 같은 교육경험이 바탕을 이루고 있기 때문이 아닌가 생각한다.

미국의 공교육은 전통적으로 유치원(kindergarten)에서 고등학교 졸업반 12학년까지의 의무교육을 대상으로 해왔고, 따라서 이를 K-12(K through twelve)라고 표현하는데, 최근에는 교육의 폭이 유치원 이전의 유아원(preschool)에서부터 대학 4년을 포함하는 P-16이라는 개념으로 확장되고 있다. 각 주나 지역에 따라 조금씩 차이가 있지만 유아원·유치원을 다닌 후 초등학교(elementary school)와 중학교(junior high 또는 middle school)를 5년＋3년 또는 6년＋2년의 형태로 8년을 다니고 고등학교를 4년 다니도록 되어 있으며, 결국 초등학교에서 고등학교까지 총 12년을 수학하는 것은 한국의 현 제도와 같다.

미국의 중·고등학생들은 한국에 비해 자유와 선택의 여지가 많다. 예컨대 일찍부터 학생들의 머리나 복장 등 여러 가지 간섭과 규제를 받아오던 한국의 학생들에 비해 미국의 학생들은 훨씬 자유롭다고 할 수 있다. 전통적으로 한국에서는 등교

해서부터 하교할 때까지 전 학급이나 전 학년이 똑같은 과목의 수업을 받는 것이 보통이지만, 미국의 학생들은 선택할 수 있는 과목의 종류와 수가 많다. 이로써 미국의 학생들은 일찍부터 스스로 선택하고 결정하는 버릇과 자기 나름대로 시간을 관리하는 능력을 키우게 되고, 결국 '자율'을 배우게 된다. 기회의 나라, 자유의 나라, 선택의 나라라고 불리는 미국다운 얘기다.

물론 부작용과 병폐도 따른다. 자유와 선택의 여지가 많다 보니 하기 싫은 것, 어려운 것은 회피하게 된다. 어렵고 골치아픈 수학이나 과학은 될수록 피하려는 경향이 생기고, 그래서 미국 학생들의 수학·과학 실력이 낮다는 평가가 나오기도 한다. 또 자유와 기회, 자율과 선택이 나쁜 쪽으로 뻗칠 때 술, 담배 그리고 여러 가지 '약'에도 손을 대게 된다.

이러한 방종이 오랜 방황으로 이어지는 경우 학교를 졸업하지 못하고 중퇴(dropout)하기도 한다. 소수인종 학생들이 많이 있는 대도시 안의 학교(inner-city school)에서 자주 발생하는 이러한 고교중퇴 현상도 미국 교육이 당면하고 있는 문제 중의 하나인데, 뒤늦게나마 정신을 차리게 되는 이들은 GED라는 고교졸업학력 인정시험에 합격하면 남들처럼 SAT, ACT시험을 치른 후 대학에 진학할 수도 있다. 평생교육의 중요성이 부각되고 있는 시대에 이러한 대체교육의 제도와 기능이 더욱 확충되어야 한다는 목소리가 높아지고 있다.

공립학교들이 안고 있는 방종과 무절제라는 측면을 용인하지 못하는 사람들은 결국 사립학교를 택하기도 하고, 더 나아가 자녀를 학교에 보내지 않고 집에서 가르치는 가정학교(home schooling)라는 대안을 택하는 경우도 많다. 학교 교육의 병폐가 두드러지고 있다는 통념 아래 미국에서는 이 가정학교 교육이 확대되고 있는데, 능력과 의지를 갖춘 부모들의 헌신이 필요함은 물론이다. 가정학교를 택하는 부모들과 학생들은 나름대로 네트워크를 형성하여 교육방법, 성적평가, 과외활동 등을 마련하고 있으며, 진학이나 각종 시험, 경쟁 등에서 가정학교 출신 학생들이 우수한 성적을 보이고 있다는 점에서 주목을 끌고 있다.

주입식, 암기식 교육방법과 입시지옥으로 표현되는 한국의 파행적 교육제도 아래 한국의 부모들은 자녀들을 유치원 때부터 과외와 학원, 조기유학 등을 보내면서 엄청난 사교육비를 지불하고 있다. 이에 비해 미국의 교육은 훨씬 융통적, 가변적이다. 가령, 아직도 한국에서는 남보다 공부를 못해서 낙제(유급)한다든가 공부를 잘해서 월반하는 것에 대한 시각이 별로 곱지 않지만, 미국에서는 그렇지 않다. 사람은 생긴 것도 다 다르듯이 그 능력도 다 다르다는 것을 인정하는 것이 미국의 교육이다.

미국에서는 신체 부자유를 가리키는 신체장애(physical disability)라는 말처럼 공부하는 데 부자유하다는 학습장애(learning disability)라는 표현이 있다. 독해력이 떨어져서 읽고 이해하는 데 남들보다 시간이 더 걸리는 학생들은 시간을 연장해서 시험을 치르도록 하고 필기능력이 떨어지는 학생들에게는 필기를 대신해 주는 사람의 도움을 받도록 한다. 선생님의 강의만으로 이해가 불충분한 학생들에게는 상급생이나 동료학생들로부터 지도를 받도록 하는데, 이는 한국에서 방과 후 벌어지는 학원이나 과외 등의 사교육 행태가 아님은 물론이다.

바람직한 학교 교육이란 어떤 것이어야 하는가에 대해서는 여러 의견과 주장이 있을 수 있다. 학교 교육은 제대로 된 사람을 키우는 인성교육이어야 한다는 사람도 있고, 또 날로 복잡해지고 있는 사회에서 요구하는 기능을 갖추게 하는 사회적 기능교육을 강조하는 사람도 있다. 하지만 인성교육은 학교가 그 일부를 담당하는 부분도 있지만, 우선은 부모와 가정에서 출발하고 나아가 사회 전체의 몫이 되어야 한다고 생각한다. 그래서인지 미국의 학교 교육이 인성교육의 측면을 거의 외면하는 듯이 보인다.

일찍부터 도덕이니 바른 생활이니 생활윤리니 하는 과목을 학교에서 가르쳐 온 한국과 달리 미국에는 그런 과목들이 없다. 한국에서처럼 착한 사람이 되라고 가르치는 교장 선생님의 훈화도 없다. '그렇기 때문에' 미국은 도의가 땅에 떨어지고 예의와 염치를 모르는 깡패사회가 되었다고 비아냥거릴 수도 있으며, 반면 '그럼에도 불구하고' 미국은 기본적으로 튼튼한 사회기강을 유지하고 있다고 놀라워할 수도 있다. 만약 후자가 사실이라면 그것은 미국의 학교 교육 때문만은 아니다.

미국의 학교 주변에서 폭력과 범죄가 횡행한다는 것은 심각한 문제임에 틀림없다. 그러나 이것은 학교 교육 자체의 문제라기보다 교육 외적 요인에 의한 문제로 봄이 옳을 것이다. 이는 개인주의, 자유주의로 일컬어지는 미국 사회가 지나친 자유방임과 방종으로 흐를 때 나타나는 이혼, 미혼모, 동성애 등과 같은 차원에서 논의되어야 할 것이다. 그것은 한국에서 부모와 함께 지하철에 올라탄 아이들이 이리저리 내달으며 시끄럽게 소란 피우는 행동이 학교 교육과 별 관계 없는 것과 마찬가지다. 그렇지 않다면, 아이들의 그런 버릇없는 행동을 꾸짖기는커녕 같이 놀아주고 있는 부모들은 또 언제 어느 학교에서 무슨 교육을 잘못 받았기에 그러는지 묻고 싶다. 이는 교육의 출발이자 마지막인 가정과 사회가 제 역할을 다하지 못하는, 즉 가정교육과 사회교육의 실패로 인해 나타나는 하나의 현상일 뿐이다.

어쨌든 미국 교육의 가장 두드러진 강점 중의 하나는 앞서 말한 '쇼앤텔'의 산교육이 일러주듯이 학생들의 개성과 창의력을 살려 주는 교육방법이라고 할 수 있다. "들어야 할 때 더 많이 들을 수 있고 말해야 할 때 더 많이 말할 수 있고 생각해야 할 때 더 많이 생각할 수 있도록 만드는 과정"을 교육이라고 정의한다면 이 '보여주며 말하기'는 일찍부터 그 목적을 이루기에 필요한 훈련을 제공하는 좋은 방법이라고 생각된다.

'모난 돌이 정(釘) 맞는다'는 말이 나타내듯이 우리는 남과 다른 것을 꺼려하고 싫어한다. 반면에 미국에는 "아무 의미 없는 통계수치의 하나가 되지 마라(Don't be another statistic)"

또는 "어중이떠중이 같은 사람이 되지 마라(Don't be a John Doe or Jane Doe)"는 말이 있다. 한국 학생들이 미국식 교육을 받은 학생들보다 비논리적이고 비창의적이라는 비판을 들어 온 것은 우연이 아니다. 한국 학생들의 표현이 합리적, 과학적이지 못하다는 지적을 받는 것도 우연이 아니다. 처음부터 그런 교육을 받지 못했기 때문이다.

일찍부터 'show-and-tell'을 경험하고 자라는 미국의 학생들은 개성과 창의력, 비판적 사고와 자율을 배운다. 그래서 한국은 언제쯤 진정한 노벨 수상자를 배출할 것인가 푸념하는 동안 미국의 교육은 한쪽으로는 세계적인 두뇌들을 불러들이고 또 길러 내면서 최고 수준의 고등교육을 더욱 첨예화하는 한편, 다른 쪽으로는 사회구성원 모두에게 시민적 기능 수행에 필요한 훈련을 제공하는 일반교육, 성인교육, 평생교육을 보편화하고 있다.

한국의 문자해득률은 세계 1, 2위라고 한다. 그것을 보면 한국의 교육이 나쁘기만 한 것은 아닌 모양이다. 한국 학생들의 수학, 과학 실력도 선진국에 못지않고, 또 박사학위 소지 비율도 매우 높다고 한다. 하지만 참교육, 진정한 교육의 질과 성적은 그런 수치들로만 가늠되는 것이 아니다. 지금도 한국을 떠나 다른 곳으로 이주하려는 사람들이 늘어나는 가장 큰 이유 중의 하나가 한국의 '파행적' 교육제도 때문이라고 한다.

두세 살 때부터 학원과 과외를 시작하고, 조기유학을 떠나거나 고시원을 들락거리는 한국 교육의 모습은 결코 정상이 아니다. 한국이 사교육비를 제일 많이 지출하고 있는 나라라는 것도 문제지만, 그 이전에 박사와 고졸자를 다르게 보는 한국 사회의 비뚤어진 시각이 더 큰 문제라고 생각한다. 반면에 노벨 수상자나 학습장애자를 다른 시각으로 대하지 않는 미국 사회가 부럽고, 또한 노벨상감이나 학습장애자에게 처음부터 똑같이 충분한 기회를 제공하는 그들의 교육에 힘이 들어 있는 것 같다.

찍을 수 있는 소식은 다 신문에 찍는 나라

다음 영어 단어들의 공통점은 무엇일까? Bee, Chronicle, Constitution, Courier, Dispatch, Globe, Inquirer, Observer, Pantagraph, Record, Register, Republic, Review, Sentinel, Star, Sun, World, …… 이쯤에서 이미 답을 아는 사람들도 많겠지만 모르는 이들을 위해서 같은 공통점을 갖는 단어들을 더 열거해 보면 Times, Post, Herald, Tribune, Journal, Press, Gazette, News, …… 등이 있다. 이 단어들은 미국의 여러 신문들이 그 이름에 담고 있는 말이다. 「뉴욕타임스」「워싱턴포스트」「필라델피아 인콰이어러」「볼티모어 썬」처럼.

이 말들의 의미를 하나하나 새겨 보면 신문의 이름으로 쓸 수 있는 말이라는 것을 알 수 있다. 신문은 소식을 알려 주고 전달해주므로 Post, Herald, Courier, Dispatch 같은 이름을 쓸수 있고, 모든 사건을 일어난 시간에 따라 기록한다고 해서 Times, Journal, Chronicle, Record, Register라는 말도 쓸 수 있다. 해와 별 아래 그리고 지구상이나 나라 안에서 일어나는 모든 일을 보도해 준다는 뜻에서 Sun, Star, World, Globe, Republic 같은 이름도 적합한 것 같다. 궁금한 일을 캐물어 알려 준다고 Inquirer라는 말도 붙일 수 있을 테고, 꿀벌처럼 열심히 소식을 따다 준다 해서 Bee라는 이름은 또 어떤가.

신문의 이름이 하나같이 "××일보" 아니면 "OO신문"인 한국의 경우와 달리 미국 신문들의 이름이 각양각색이라는 것은 미국의 다양성을 나타내는 또 다른 부분일 뿐 전혀 새삼스럽거나 놀랄 일이 아니다. 하지만 한국인들은 신문이라면 ××일보, OO신문이라는 이름을 달아서 누가 봐도 금방 신문이라는 것을 알도록 해야 마음이 편해지는 모양이다. 심지어 남들하고 다르겠다고 '딴지'를 걸고 나서는 신문도 이름만큼은 딴지를 걸지 못하고 역시 '××일보'이다. 그래서 한국인들은 신문 이름까지도 이렇게 중구난방으로 지껄여 대고 있는 미국의 모습에서 또다시 혼란을 느낄지 모른다.

그러나 이름보다 중요한 것은 물론 그 내용이다. 신문의 이름이 다 같아서 그런지 (아니면 기사를 쓰는 사람들의 마음도 한 가지로 통일되어 있어서 그런지) 한국의 신문들은 그 내용이 거의 똑같다는 얘기를 많이 듣는다. 거기에 비하면 미국 신문들의 내용은 그 이름만큼이나 다양하다. 권리장전이라고 불리는 미국수정헌법이 제1조에서 언론, 출판의 자유를 천명한 이래 미국은 이를 철두철미하게 지켜 오고 있다. 그래서 누구든지 하고 싶은 말을 할 수 있어야 한다는 생각이 미국 언론의 목소리를 여러 갈래로 만들고 있다(일반적으로 언론이라고 하면 신문 이외에 방송 등 다른 매체도 포함하는 것은 물론이지만 이 글에서는 주로 신문을 언급한다).

과거 군사정권시대의 삼엄한 언론통제와 검열의 질곡(桎梏)을 겪어야 했던 한국의 신문은 지금도 어떤 내용을 놓고 이를 실어도 되는지 안 되는지 가늠해야 할지 모른다. 하지만 표현의 자유라는 이름 아래 때로는 우리가 보기에 지나치다 싶을 정도로 무엇이든지 가리지 않고 다 드러내놓는 미국을 볼 때 미국의 언론이 하고 싶은 얘기를 못 한다는 것은 생각하기 힘들다. 그래서 "활자로 찍을 수 있는 소식이면 무엇이든지(All the news that's fit to print)"라는 「뉴욕타임스」의 사시(社是)에 고개가 끄덕여진다.

미국 언론의 철저한 보도정신은 물론 언론, 출판의 자유에 입각한 것이지만, 한편 모든 국민에게는 '알 권리'가 있다는 생각과 맞물려 있다. 미국의 언론은 대의정치제의 근간으로 민의 수렴이라는 기능과 아울러 정부의 비행(非行)과 비행(秘行)을 억지하는 역할을 맡아 입법, 사법, 행정의 3부에 이은 제4부로서의 기능을 수행하고 있다.

최근 미국의 언론들이 전쟁이나 테러 사건을 보도하는 과정에서, 과연 표현의 자유나 국민의 알 권리를 계속 추구하면서 제한 없는 의사표시와 가감 없는 보도를 해야 할 것이냐 아니면 국가안보와 국익보호라는 차원에서 보도를 자제해야 할 필요가 있느냐 하는 논의가 불거지기도 했다. 이러한 문제는 역시 "찍을 수 있는 소식이면 무엇이든지" 찍겠다는 미국 언론의 철저한 보도정신 때문에 생기는 미국만의 고민이라고 할 수 있다.

9.11 테러 이후 미국 언론의 자세가 국익보호 방향으로 기울어지면서 일방적, 편파적인 보도를 하고 있다는 외부의 비난이 일기도 했지만, 이는 일면 수긍이 가는 처사이기도 하다. 대다수의 나라 역시 국가적 이해관계가 걸린 일에서는 국민 개개인의 권익을 챙기기보다 국익을 도모해야 한다는 생각이 지배적이기 때문이다. 정부가 툭하면 '안보'라는 무기를 들고 나와 언론, 출판은 물론 집회, 시위 등 온갖 표현의 자유를 탄압하면서 국민들의 '알 권리'는 둘째 치고, 그 이전에 '몰라야 할 의무'가 있는 것처럼 윽박지르던 과거의 한국을 돌이켜 볼 때 더욱 그렇다.

발행부수 180만 부의 최대 일간지이자 경제지인 「월스트리트저널 *Wall Street Journal*」을 비롯해서 하루 2만 부 남짓을 찍는 필자가 사는 마을의 작은 신문 「판타그라프 *Pantagraph*」에 이르기까지 미국에서는 약 1,500종의 일간지가 하루 6천만 부 이상의 신문을 발행하고 있다(8,500종에 달하는 주간지는 별도). 이 중 약 1,000개의 일간지는 인터넷상에 온라인 신문도 띄우고 있다. 약 50만 명이 종사하고 있는 미국 신문업계에 실리는 광고액수는 연 500억 달러에 달하고, 또 연간 발행되는 신문의 약 30%에 해당하는 1천만 톤의 신문지가 재활용되고 있다.

특기할 것은 발행부수 1위인 「월스트리트저널」과 2위인 「USA 투데이」를 제외한 나머지 일간지는 모두 본질적으로 지방신문이라는 점이다. 미국 신문의 대부분이 아직도 기본적으로 지방지로 남아 있는 이유는 광대한 미국에서 전국지가 자리잡기 어렵다는 지리적, 역사적 특수성 때문이겠지만, 어쨌든지 이 때문에 미국의 신문들은 각각 나름대로의 특성을 유지할 수 있었고 결국 전체적으로도 다양성을 잃지 않을 수 있었다.

다소 논란은 있지만 미국 최초의 신문은 1756년에 시작된 「뉴햄프셔거제트」라고 한다(미국의 많은 일들이 그렇듯이 신문이 발간되기 시작한 것도 건국 이전의 일이다). 1851년에 창간되어 찍을 수 있는 소식은 무엇이든지 다 찍어 온 「뉴욕타임스」는 그동안 미 출판계에서 가장 권위 있다는 퓰리처(Pulitzer)상을 81회나 수상했는가 하면, 1877년에 창간된 「워싱턴포스트」는 지난 2001년 타계한 발행인 캐서린 그레이엄과 그 일가가 반세기 이상을 이끌어 온 것으로 유명하다.

다우존스 주가지수로 알려진 다우와 존스라는 두 사람이 1884년 창간한 「월스트리트저널」은, 지금도 흑백 이외에 다른 색깔을 가급적 쓰지 않고 사진도 좀처럼 싣지 않는다(사진이 필요하면 그림으로 나타내고 있다). 그래서 재미없는 신문처럼 보이지만 그 내용은 경제뿐 아니라 정치, 사회 등 여러 부문에서 예리한 분석을 제시하고 있는 것으로 알려져 있다.

한국의 신문들이 큰 종이 한 장을 접어 앞뒤로 네 쪽을 만들고 거기에 각각 정치, 경제, 사회, 문화 네 부분에 관련된 기사를 싣던 때가 있었는데, 미국의 신문들은 일찍부터 많은 지면을 여러 분야(sections)로 나누어 엄청난 양의 기사와 정보를 실어 왔다. 그 범위는 국내외 정치, 사회에 관한 주요 뉴스란을 비롯해서 경제·경영, 문화·예술, 사설, 스포츠, 음식·조리, 연예, 만화, TV·라디오 그리고 광고에 이른다. 지금도 주요 신문의 일요판은 삽입되는 여러 광고물까지 합쳐 웬만한 책한 권에 해당하는 많은 정보를 담고 있다.

미국 신문의 사설란은 Op-Ed라고 부르는데 그것은 의견(Opinion)과 사설(Editorial)을 줄인 말이다. Op-Ed 섹션은 중요이슈에 관한 신문사 자체의 주장을 개진하는 사설에서부터 독자의 편지에 이르기까지 여러 의견을 담는 곳이다. 일어난 사건을 정확하고 신속하게 그대로 보도하는 것이 신문(언론)의 일차적인 사명이라면, 어떤 사건이나 문제에 관한 자신의 생각을 표창(表彰)하고 여러 의견을 모아서 여론을 선도(先導)하고 선도(善導)하는 것이 또 다른 중요한 사명이라고 하겠는데, 이 Op-Ed가 바로 그런 자리이다.

미국의 신문들은 이슈마다 스스로의 견해와 입장을 밝히면서 잘못 되었다고 여겨지는 일에 대해서는 지적과 비난을 퍼붓고 좋은 일, 잘된 일에 대해서는 지지와 찬사를 서슴지 않는다. 선거 때가 되면 어느 특정 후보를 지지한다는 발표(endorsement)를 하기도 한다. 최근의 경향은 「뉴욕타임스」 등이 민주당의 진보적 노선을 지지하고, 「월스트리트저널」 같은 신문들은 보다 보수적인 공화당 편에 서었다.

이 Op-Ed 섹션의 한 자리에 정기적으로 주요 문제에 관한 자신의 주장을 써내는 식견 있는 인사들이 있는데 이들을 칼럼니스트(columnist)라 부른다. 칼럼니스트들은 예리한 통찰력과 아울러 훌륭한 문필력을 갖춘 것으로 검증된 사람들이며, 이들은 미국 여론의 중핵(中核)을 형성하는 데 큰 영향을 주고 있다. 이들은 특정 신문에 소속되어 글을 쓰기도 하지만, 자기들끼리 동아리(syndicate)를 만들어 여러 곳에 글을 배포하기도 하고 더러는 자유기고가(freelancer)로 활동한다.

경제·경영에 관한 기사는 미국 신문들에서도 상당 부분을 차지하고 있고, 경제지가 아닌 일반 신문들도 각 주식의 시가를 매일 싣고 있다. 지금도 미국의 시골이나 소도시의 신문들은 주민들의 출생, 약혼·결혼, 사망 등에 관한 소식들을 싣고 있다. 작은 지역사회에서는 주민들의 신상 변동이 중요한 뉴스가 되겠지만, 대도시 신문들은 그런 것들을 일일이 다룰 틈이 없다. 그래서 미국의 큰 신문들은 한국의 신문처럼 부고란 같은 것을 별도로 두지 않고, 그때그때 유명 인사들의 신상에 관한 사항을 뉴스로 다루고 있을 뿐이다.

미국 신문에는 통상 인물동정 같은 난도 없고 동창회나 종친회, 기타 단체의 행사를 알리는 난도 없다. 한국에서는 신문에 이름이나 얼굴을 실어 주는 것을 특혜라고 생각하고, 또 사람들은 자기 이름이나 얼굴이 신문에 실리는 것을 출세(?)라고 여기는 정서 때문인지 인물동정이나 행사 소개란이 파행적으로 운용되던 때가 있었다. 어쨌거나 ××학교 재경동창회가 열린다는 소식이 왜 주요 일간지에 실려야 하는지 그 이유를 알다가도 모르겠다. 왜 신문마다 수재민돕기 성금을 낸 사람들의 이름을 나열하고 있는지 모르겠다. 미국 신문들은 인물동정, 본사내방, 동창회, 성금기부자 명단 등보다는 불특정 다수인의 공통적인 뉴스 수요를 충족시키는 것이 훨씬 더 중요하다고 생각하고 있다.

이 밖에도 미국의 신문들이 싣고 있는 내용은 각종 스포츠 경기의 상보(box score)를 비롯해서 'Dear Abbey'와 'Dear Ann Landers' 같은 생활상담에 관한 조언 칼럼, 독자들의 불평, 제언을 통해서 보도의 정확성을 도모하는 민원칼럼(ombudsman), 별자리에 따라 운수를 점쳐 주는 운세(horoscope), 분야별 광고(classifieds), 만화(cartoons) 그리고 퍼즐(crossword puzzle)에 이르기까지 다양하다.

미국의 신문들 또한 남보다 먼저 사건을 취재하여 특종기사를 만들어 내기 위해 경쟁하고 있다. 그러나 미국 신문들은 장기간에 걸친 연구와 수사·조사를 통해 정치적, 사회적 문제의 진실을 파헤쳐 보도하는 조사 보도(investigative reporting) 역시 중요시하고 있다. 상대편 정당 인사들이 있는 워터게이트 빌딩에 도청장치를 해서 기밀을 빼내려 했던 닉슨 대통령의 정략을 파헤쳐서 결국 그를 사임하게 만들었던 「워싱턴포스트」의 밥 우드워드(Bob Woodward)와 칼 번스타인(Carl Bernstein)은 그 일로 1973년 퓰리처상을 받았는데, 이 사건 이후 많은 정치적 스캔들이 ××게이트(gate)라고 불리게 되었다.

반면에 한국 신문들은 기사를 머리로 쓰지 않고 가슴으로 쓴다는 지적을 받기도 한다. 정당한 사실 근거와 냉철한 논리에 따르지 못하고 그때그때 기분과 감정에 따라 씌어지는 한국 신문의 기사는 그래서 저널리즘(journalism)이 아니라 문학(literature)이 되고 만다. 신문이 사실 보도를 하지 않고 감정에 치우쳐 슬픈 일을 더 슬프게 만들고 기쁜 일을 덜 기쁘게, 억울한 일을 더 화나게, 또는 작은 일을 큰 일로 만들어서는 안 된다. 여기서 한국이 올림픽, 엑스포, 월드컵을 유치하게 된 것이나 OECD에 서둘러 가입하게 된 것, 또 한때 장관들이 자주 교체된 이유 중의 하나도 신문들의 감정적인 '여론몰이' 때문이었다고 해도 논리의 비약이라고만은 할 수 없을 것이다.

어쨌거나 미국의 신문들은 오늘도 '찍을 수 있는 소식이면 무엇이든지' 다 찍어내고 있지만 미국에서 평일 일간지를 읽는 사람은 성인 인구의 60%를 밑돌고, 주말에 신문을 읽는 사람도 70%를 넘지 못하고 있다. 반면에 한국에서는 오늘도 '××일보'를 펴드는 사람이 성인 인구의 80, 90%에 이를 것이다. 미국은 한국보다 정치수요도 훨씬 적고, 또 신문의 이름만큼이나 다양한 이해와 관심이 공존하는 다원적 사회이기 때문이다. 그래서 미국에는 무식한 사람들이 많다지만, 유식한 사람이 많다고 해서 좋은 사회라고 할 수는 없다. 문제는 무식해서는 안 될 사람들이 무식한 채로 남아 있는 경우가 아닐까.

늘 노래하는 나라

한국인도 노래를 무척 즐기지만 미국인 역시 노래를 즐긴다. 미국인들이 그들의 짧은 역사 속에서도 여러 가지 '미국의 노래'를 만들어 불러 왔다는 것이 이를 말해 준다. 브로드웨이의 뮤지컬에서부터 컨트리 웨스턴(country western), 흑인영가(negro spirituals), 포크(folk music), 발라드(ballads), 남성4부합창(barbershop quartets), 수자 행진곡(sousa marches), 스윙(swing), 재즈(jazz), 로큰롤(rock'n'roll), 모타운 음악(motown sound), 리듬앤블루스(rhythm and blues) 그리고 최근의 랩이나 레이브 음악까지, 미국인들은 그 다양한 문화적 배경과 취향에 따라 여러 가지 '미국의 음악'을 개발해서 즐겨 왔다. 이렇게 개발된 미국의 음악과 노래들은 미국의 다른 것들과 마찬가지로 막강

한 상업성과 대중성을 바탕으로 세계 속으로 널리 그리고 **빠**르게 퍼져 왔다.

순수(고전)음악은 물론 유럽에서 비롯됐지만, 미국에서도 널리 공연되고 또 감상되고 있다. 세계 정상급의 음악회들이 미국의 링컨센터, 카네기홀, 케네디센터 같은 최고의 음악당에서 열리고 있고, 또 줄리아드를 비롯한 커티스(Curtis), 피바디(Peabody) 등의 유명한 음악학교들에서 세계 최고 수준의 음악가들이 배출되고 있다. 그러나 많은 미국인들은 초등학생들이 벌이는 음악회에서 처음으로 음악회를 경험한다. 모든 것이 그렇듯이 미국에서는 순수음악도 소수에 국한되지 않고 대중화하는 특색을 갖는다. 물론 미국에는 베토벤이나 모차르트 같은 대 작곡가는 없지만 비교적 잘 알려진 거쉰(G. Gershwin), 그로페(F. Grofé), 코플랜드(A. Copland), 벌린(I. Berlin), 번스타인(L. Bernstein) 등의 미국 작곡가들은 모두 대중성을 추구하는 음악가라는 공통점을 갖고 있다.

일반 대중을 위한 클래식 음악으로 정평 있는 보스턴 팝스 오케스트라(Boston Pops Orchestra)가 일찍부터 그 이름에 팝이라는 대중성의 이미지를 달고 정상급의 오케스트라를 운영해 오고 있다는 것은 미국 음악의 보편성을 잘 말해 주고 있다. 보스턴 팝스 오케스트라의 공연실황을 방송하는 'Evening at Pops'라는 공영 TV프로그램이 장수하고 있고, 또 링컨센터, 카네기홀, 케네디센터 등 정상의 공연장들이 일찍부터 가수, 코미디언, 배우 등 대중연예인들을 등단시켜 왔다는 점도 미국 음악의 대중성을 드러낸다. 미국에서는 아주 일찍부터 한국의 '열린 음악회' 같은 음악회가 열려 온 셈이다.

대다수가 즐기지 않는 음악은 의미가 없다는 그들의 실용주의적 생각은 보통의 미국인들이 이탈리아어나 독일어, 불어로 불려지는 성악곡이나 가극에 흥미를 붙이기 어렵다는 점에서 그들 나름의 '미국식 가극'을 만들어 내게 했고, 그것이 바로 브로드웨이 뮤지컬이다. 그래서 미국에도 뉴욕의 유명한 메트로폴리탄(Metropolitan) 가극장 등이 있지만 브로드웨이 뮤지컬이 훨씬 더 대중의 사랑을 받고 있다. 연극에 관현악과 성악이 보태지고 안무까지 곁들여지는 뮤지컬은 다양한 재주가 요구되는 종합예술이라고 할 수 있다.

로저스(R. Rodgers)와 해머스타인(O. Hammerstein)의 「쇼보트 *Showboat*」「오클라호마! *Oklahoma!*」「사운드 오브 뮤직 *Sound of Music*」「남태평양 *South Pacific*」 같은 유명한 뮤지컬에서부터 보다 최근의 「캣츠 *Cats*」「오페라의 유령 *Phantom of the Opera*」「레미제라블 *Les Misérables*」 등 수많은 뮤지컬이 공연되어 왔고, 브로드웨이에서 성공한 많은 뮤지컬들은 영화로도 만들어져 그 보편성이 확대되기도 했다. 오스카(Oscar)상이 최고의 영화상이듯 토니상(Tony Awards)은 최고의 브로드웨이 뮤지컬에 수여되는 상이다.

보편성을 겨냥하는 미국의 음악은 순수음악과 대중음악을 결합하는 것처럼 두 가지 이상의 형식을 접목하는 크로스오버(crossover) 또는 퓨전음악(fusion music)을 만들어 내고 있는데,

뮤지컬뿐만 아니라 재즈의 많은 부분도 이러한 형태로 분류될 수 있다. 거쉰의 「랩소디 인 블루 *Rhapsody in Blue*」 같은 곡도 순수음악과 재즈를 합성한 것이라는 평을 받고 있다.

재즈는 주로 미국 남부의 뉴올리언스 지역에서 생성된 것이라고 전해지고 있고, 전통적인 흑인영가의 깊은 음악성과 흑인들 특유의 생기 있는 리듬 감각이 여러 모양으로 결합되어 실로 다양한 음색과 음감을 창출하는 매우 광범위한 음악 영역이라고 할 수 있다. 재즈는 멜로디와 리듬, 사용되는 악기와 연주방법, 지역적 특색 등에 따라 스윙(Swing), 래그타임(Ragtime), 뉴올리언스 재즈(New Orleans Jazz), 딕시 재즈밴드(Dixie Jazz Band), 재즈합창(Jazz Choir), 캐나디안 재즈(Canadian Jazz), 혼합재즈(Hybrid Jazz) 등 여러 장르로 분류된다.

미국의 재즈는 노래 중간에 박자와 음정의 틀에서 벗어나서 연주자의 기량과 감정을 자유분방하게 표현하는 이른바 애드립 주법을 개발하기도 했고, 또 전설적인 재즈연주가 루이 암스트롱(Louis Armstrong)이 트럼펫을 불다가 그 걸쭉한 목소리로 무슨 소린지 알아들을 수 없게 지껄이는 것처럼 가사 대신에 의미 없는 운율을 첨가하는 스캣(scat)이라는 창법을 보편화시키기도 했다. 재즈는 이렇게 해서 멋과 맛이 없어 보이는 미국에 멋과 맛을 더해 주고 있다. 그래서 미국인들은 무슨 일을 더 멋지고 화려하게 만든다는 뜻으로 재즈 업(jazz up)이라는 표현을 한다.

미국적인 노래와 음악을 얘기하자면 컨트리 웨스턴을 빼

놓을 수 없다. 원래 미국의 서부와 남부 지역의 백인을 중심으로 많이 불려지기 시작했던 컨트리 웨스턴은 달콤하고 부드러운 멜로디에 비교적 뚜렷하고 쉬운 박자를 사용하고 있어 따라 부르기가 쉽다. 따라서 컨트리 음악은 미국 전역으로 빠르게 확산되었고, 또 세계적으로도 많은 인기를 모아 왔다. 컨트리 음악의 본고장인 테네시 주의 내슈빌은 아예 '음악도시(Music City)'라고도 불리는데 매년 그랜올오프리(Grand Ole Opry)라는 전통적인 컨트리 음악축제가 열리고 있다.

오늘날 많은 사물들을 확연하게 분류하기 어렵듯이 음악의 형식도 분류하기가 점점 어려워지고 있다. 가령 어떤 하나의 곡을 컨트리라고 분류해야 할지 로큰롤이라고 해야 할지 애매한 경우가 있다. 로큰롤의 왕이라고 알려져 있는 (그래서 미국에서는 the King이라고 불리는) 엘비스 프레슬리(Elvis Presley)의 많은 노래가 컨트리 음악으로 분류되기도 한다.

컨트리 음악이나 로큰롤 등은 미국의 일반 대중들이 팝문화의 한 부분으로 영화나 TV 등과 함께 즐기는 대중음악의 갈래인데, 이 이외에도 미국에서는 시대와 세대에 따라 여러 종류의 대중음악이 인기를 끌어 왔다. 예를 들어, 반전운동이 확산되던 중 1969년 뉴욕 주의 우드스탁(Woodstock)에서는 당시 젊은이들이 광란의 록뮤직 페스티벌(rock music festival)을 벌여 영원한 추억거리를 만들기도 했다. 또, 자동차공업의 중심지라는 뜻에서 'motor town'이라는 말을 줄여 'Motown'이라고 부르는 디트로이트 지역에서는 60~80년대에 흑인 가수들이 소울(Soul Music), 리듬앤블루스(Rhythm and Blues) 등의 음악을 유행시키기도 했으며, 이를 모타운 음악이라고 한다.

이렇게 시대에 따라 다양한 모양으로 변천해 온 미국의 대중음악도 인기를 먹고 사는 것은 마찬가지다. 그 때문에 미국의 대중음악에서도 인기순위가 항상 관심거리이며, 미국에서는 일찍부터 빌보드(Billboard)라는 음악잡지가 각 분야별 음악의 인기순위를 발표해 오고 있고, 우리들에게도 잘 알려져 있다. 가장 많이 팔린 음반에는 골드/플래티넘 앨범(gold/platinum album)이라는 이름이 붙게 되고, 가장 성공적인 음악인들에게는 그래미 어워드(Grammy Awards)라는 상이 주어진다.

하지만 미국에서도 최근 대중문화 소비층의 연령이 점점 낮아지고 있다. 한국에서도 소위 '오빠부대' 같은 젊은 층이 대중문화 소비의 중심을 이루는 것처럼 미국에서도 대중음악을 즐기는 가장 큰 연령층이 10대를 비롯한 젊은이들이고, 인기 있는 팝 아티스트 중에도 젊은 (또는 어린) 연예인들이 많이 등장하고 있다.

음악의 대중화 현상은 오랫동안 전통과 보수를 간직해 온 기독교 속으로도 스며들고 있다. 그동안 교회들은 근엄한 곡조의 찬송가만 고집하고 소위 복음성가(gospel songs)라는 찬양곡도 그 곡조나 박자가 속되고 천하다는 이유로 거부해 왔었지만, 이제는 옛말이 되고 말았다. 많은 교회들이 이제 젊은 세대를 겨냥하고 현대적 감각을 포용하기 위해서 전통적인 파이프오르간이나 피아노 대신에 (또는 그와 함께) 기타, 키보드,

드럼 등을 동원한 새로운 감각의 노래들을 부르고 있다. 록밴드나 가스펠 가수들을 등장시키기도 하고, 심지어 랩음악까지 동원하는 교회도 생기고 있다. 이렇게 대중화된 가스펠은 이제 미국에서 엄청나게 큰 음악산업의 형태를 이루고 있다.

그러나 미국 음악의 대중화 및 저연령화는 기성세대들의 눈살을 찌푸리게 하기도 한다. 곡조를 거의 무시하고 주로 가사와 리듬만을 다루는 랩은 90년대에 등장한 새로운 형태의 힙합인데, 멜로디가 거의 없다는 점에서 기성세대에게는 '노래'가 아닐 수도 있다. 그러나 더 큰 문제는 인기 랩가수 에미넴(Eminem) 등이 읊고 있는 노랫말이 비도덕적, 비교육적, 반사회적이라는 지적을 받고 있다는 점이다. 오늘날 미국 젊은이들의 대중음악은 한 걸음 더 나아가 거의 소음에 가까운 잡다한 소리를 뒤섞어 내는 레이브라는 형태로 번지고 있는데, 그런 류의 음악이 등장하는 레이브 파티에서는 종종 엑스터시 따위의 신종 마약이 곁들여지기도 해서 사회적 문제로 대두되고 있다.

미국 음악에서 또 한 가지 빼놓을 수 없는 것은 밴드 음악이다. 행진곡의 왕으로 알려진 수자(J.P. Sousa)가 작곡한 「성조기여 영원하라 *Stars and Stripes Forever*」라는 행진곡은 미국인들이 국가 이상으로 사랑하는 노래인데, 미국에는 이런 행진곡들을 비롯해서 다양한 음악을 연주하는 수많은 밴드가 존재한다. 빽빽거리는 초등학교 밴드에서부터 동네음악대 그리고 최고 수준의 군악대에 이르기까지 미국 내에는 수많은 밴드들이

쿵작거리고 있다.

이렇게 언제 어디서나 노래와 음악을 즐기면서 살아온 미국인들은 노랫말의 운이 맞아야 하는 것처럼 말이나 글도 논리가 맞아야 한다고 생각한다. 그래서 어떤 말이나 글의 논리가 맞지 않는 경우 'neither rhyme nor reason(운도 이치도 안 맞는다)'이라는 표현을 사용한다. 어느 문화에서든 노래와 음악이 삶의 큰 부분을 차지하는데 미국 또한 마찬가지다. 역사가 짧은 미국이라고 해서 그 노래와 음악이 별거 아니라고 치부한다면, 이는 미국인들에게 '운도 이치도 안 맞는(neither rhyme nor reason)' 행동으로 비춰질 것이다.

스포츠에 미친 나라

미국은 스포츠가 대중화, 보편화되어 있는 나라다. 즉, 스포츠는 미국인들의 일상생활 속에 깊숙이 들어와 있다. 미국에서는 일반인들의 평상시 대화에서 스포츠 용어가 한 줄 걸러 한 번씩 튀어나오고 있는데, 이는 스포츠가 그들 생활의 큰 부분을 이루고 있고, 미국 문화 속에서 큰 자리를 차지하고 있다는 증거이다. 스포츠를 직접 하든 안 하든, 스포츠 보기를 좋아하든 안 하든, 관심이 있든 없든, 누구라도 스포츠를 전혀 외면하거나 무시하고 살 수 없는 곳이 바로 미국이다. 스포츠를 모르면 미국을 안다고 할 수 없을 지경이다. 미국은 스포츠 강국이기도 하지만 스포츠의 광국(狂國)이라고도 할 수 있다.

물론 스포츠의 보편화는 미국에 국한된 것이 아니라 전세계적인 현상이다. 국제교역의 증진, 교통수단의 발달, 과학기술과 정보통신의 진전 등이 세계를 한마당으로 묶어 가고 있고, 스포츠도 여기에 가세하고 있다. 올림픽, 월드컵 같은 세계적 스포츠 잔치는 말할 것도 없고, 메이저리그(미 프로야구), NBA(미 프로농구), PGA(미 프로골프), ESPN(미 스포츠TV) 등이나 윔블던(Wimbledon, 전영국테니스), 분데스리가(Bundesliga, 독일프로축구) 등은 더 이상 해당 국가의 전유물이 아니라 지구촌 전체의 스포츠가 되고 있다. 우드, 조던, 힝기스, 소렌스탐, 이치로, 베컴, 박찬호, 박세리 등은 각국의 스포츠 스타이면서 동시에 세계의 스포츠 스타로 인기를 끌고 있다.

스포츠가 사회에 깊고 넓게 스며들어 있는 미국에서는 스포츠가 어마어마하게 큰 산업이기도 하다. 하지만 미국은 한때 스포츠 머신이라고도 불렸던 냉전시대의 소련이나 동독같이 정책적, 강압적으로 '제조된' 스포츠 강국이 아닌, 어디까지나 스포츠에 참여하는 사람들이 주도하는 자발적, 자생적인 '풀뿌리성'의 스포츠 강국이라고 할 수 있다. 어린 자녀를 가진 미국의 부모들 사이에서 곧잘 화두가 되고 있는 리틀리그라든가 사커맘(soccer mom)이라는 표현들이 이를 설명해 준다.

리틀리그는 미국의 어린이들이 자라면서 누구나 한번쯤 경험하게 되는 야구 클럽활동을 의미하는데, 미국에는 대도시에서부터 인구가 몇백 명에 불과한 조그만 시골마을까지 리틀리그가 없는 곳이 없을 정도로 보편화되어 있다. 세계 최대의 단일 스포츠라는 축구(soccer)는 그동안 미국에서 푸대접을 받아

왔지만, 현재 미국의 어린이들은 의외로 축구를 많이 하면서 자라고 있다. 부모들은 자녀의 축구시합이 있는 날이면 자녀들을 경기장에 바래다주기만 하는 것이 아니라 아예 아이스박스, 물통, 수건, 의자 등을 가지고 가서 비디오도 찍고 응원도 하는데, 그러느라 시간을 뺏기고 있는 엄마들을 가리켜 사커맘(soccer mom)이라고 표현한다. 이런 풀뿌리 축구가 널리 펼쳐지고 있기 때문에 미국이 (2002년 월드컵에서 한국과 한 조가 되어 선전하기도 했고) 축구강국으로 될 날도 멀지 않은 것 같다.

미국을 스포츠에 미친 나라라고 하는 것은 인기종목을 관전하는 그들의 모습이 미친 것처럼 보이기도 하지만, 스포츠에 직접 참여하는 모습 또한 미친 것처럼 보이기 때문이다. 많은 미국인들이 타이거 우즈의 환상적인 골프에 미쳐 있지만, 미국 전역에 깔린 (전세계 골프장 숫자의 절반 이상에 해당하는) 1만 7천여 개의 골프장에서 파(par)와 버디(birdie)와 홀인원(hole-in-one)을 외치는 그들의 모습은 더욱 열광적이다.

자녀를 리틀리그에 참여시키는 미국의 부모들이나 축구시합에 보내는 사커맘들 중에는 타이거 우즈의 아버지가 타이거에게 어렸을 때부터 골프채를 쥐어 주었던 것처럼 자녀를 스포츠 스타로 키우려는 꿈을 가진 사람들도 있지만, 대부분은 그들의 자녀가 타이거나 행크 아론이나 베컴처럼 될 수 없다는 것을 알고 있다. 그들은 단지 자녀들이 스포츠를 두루 경험하면서 스포츠 정신을 익히는 것이 학습발달이나 인격성장 그리고 진학, 취업 등에 여러모로 바람직하다고 믿기 때문에 열성을 보일 뿐이다. 그것은 자녀들이 대가가 될 수 없다는 것을 알지만, 일찍부터 악기를 경험하게 함으로써 음악성을 함양해 주는 것이 좋다고 생각하는 그들의 음악교육관과도 일치한다.

미국에서는 대학의 입학심사과정에서 중·고등학교 때 어떤 운동에 어떻게 참여해 왔는가 하는 것이 과외활동 중 큰 부분으로 평가되어 당락에 영향을 미치고 있다. 고등학교나 대학에서 학교의 대표선수로 다른 학교와 경쟁하는 것을 바시티(varsity)라고 하는데, 바시티 선수로 어떻게 활약했는가 하는 것은 운동선수로 계속 성장하는 데 중요한 영향을 미친다. 그뿐만 아니라 스포츠가 아닌 다른 분야에서도 학창시절 바시티 활동을 했다는 사실은 큰 자산이 되고, 이력서에서 두드러지는 항목이 된다.

과연 미국에서 사회적으로 성공하고 출세했다는 사람들, 지도자들, 엘리트들 중에는 운동선수 출신이 많다. 포드 대통령, 레이건 대통령이 바시티 미식축구 선수였고, 현 부시 대통령도 예일 대학에서 야구선수를 지냈다. 미네소타 주지사를 지낸 제시 벤츄라(J. Ventura)는 흔히 천하다는 평을 받는 프로레슬링 선수 출신이다.

미국 사회가 스포츠를 중요시한다는 또 다른 예 미국 최고의 사학그룹으로 알려진 아이비리그(Ivy League)가 동부의 8대 명문대학의 스포츠 교류를 위해서 시작한 동아리라는 점이 그 출발이라는 데서 찾을 수 있다. 한국의 최고 명문이라는 서울대학이 예나 지금이나 스포츠에서 늘 바닥권이고 스포츠를 좀처럼 거들떠보지도 않는 점과 너무나 대조적이다.

비록 최근 20여 년 사이에 크게 대중화되었다고 하지만, 주로 부유층들이 즐기는 경기로 여겨져 온 골프보다 미국 스포츠의 중심을 이루는 것은 야구, 미식축구, 농구로 대변되는 '미국의 경기'라고 할 수 있다. 미국인이 고안해서 미국에서 시작된 농구는 특히 90년대 마이클 조던이라는 불세출의 선수가 원맨쇼를 펼치면서 미국 NBA농구를 세계의 스포츠로 승격시켰다. 지금도 해마다 3월이 되면 각급 학교의 농구 시즌이 마무리되면서 결선(playoff)이 벌어지는데, 그 모양이 가히 광란에 가깝다고 하여 '미친 3월(March Madness)'이라고 표현하기도 한다.

미식축구는 영국에서 시작된 럭비를 미국인의 취향과 실정에 맞게 변형한 경기인데, 워낙 과격한 운동인데다 여러 가지 장비와 기구가 필요하고, 경기시간이 길며, 많은 선수와 심판 등 경기요원이 소요되는 아주 '비싼' 경기이다(이 점이 바로 미식축구의 보편화를 막는 가장 큰 요소라고 할 수 있다). 그래서 보통 미식축구는 한 팀이 일주일에 한 번밖에 시합을 갖지 않고 한 시즌에 치르는 경기도 15게임 안팎에 불과하다.

슈퍼볼(Super Bowl)이라고 부르는 NFL의 결승전도 야구의 월드시리즈나 NBA결승전과는 달리 단 한 번의 게임으로 승패를 가린다. 이렇게 게임의 숫자가 워낙 적기 때문에 게임당 관중수를 보면 미식축구가 단연 으뜸일 수밖에 없다. 미국인들이 특히 미식축구에 '미친 것'처럼 보이는 이유가 바로 이 때문이다.

미식축구는 이렇게 많은 미국인들의 생활에서 빼놓을 수 없는 요소이지만, 미국인들의 가슴 속에 가장 미국적인 경기로 영원히 남아 있는 것은 역시 야구라고 할 수 있다. 야구는 영국에서 시작된 크리켓(cricket)이라는 경기를 미국식으로 개조한 것이지만, 1870년대 이래 미국인들의 끊임없는 사랑을 받아 오고 있어 '미국의 놀이거리(American Pastime)'라는 이름이 붙어 있을 정도이다. 단체경기이면서도 개인이 돋보이는 야구, 긴박감이 급히 왔다 급히 사라지는 것이 아니라 한동안 지속되는 야구, 일구 일구마다 과학적이면서도 치밀한 작전이 요구되는 야구. 야구의 이런 속성들이 미국인들의 철학, 가치관, 생리에 들어맞는다고 할 수 있다.

어쨌거나 월드시리즈를 비롯해서 미국에서 열리는 각종 스포츠의 큰 잔치들은 팬들을 '미치게' 하고 있다. NFL의 결승전인 슈퍼볼, NBA결승전, NHL(프로하키)의 결승전인 스탠리컵 파이널(Stanley Cup Finals), 마스터즈골프대회(Masters), US오픈, PGA선수권 대회, US오픈테니스, NCAA대학농구결선, 로즈볼(Rose Bowl), 슈거볼(Sugar Bowl), 오렌지볼(Orange Bowl), 피에스타볼(Fiesta Bowl) 등 대학미식축구 볼경기, 인디 500(Indy 500), 데이토나 500(Daytona 500) 등의 자동차경주, 켄터키더비(Kentucky Derby), 프리크니스(Preakness), 벨몬트 스테이크스(Belmont Stakes)의 3대 경마대회 등등 손가락이 모자랄 지경이다.

미국의 스포츠는 '미국의 경기'인 야구, 농구, 미식축구가 중심이 된다고 할 수 있지만, 미국은 또 이러한 인기종목과 아울러 육상, 수영, 투기 등 올림픽의 메달밭이 되고 있는 기본 경기 분야에서도 최고 수준의 선수들을 배출하고 있다. 1904년 세인트루이스에서 제3회 올림픽(Olympics)을 개최한 이래 로스앤젤레스에서 두 번(1932, 1984) 그리고 애틀랜타(1996)에서 한 번 등 미국은 세계에서 하계 올림픽을 가장 많이 유치한 나라이며, 그동안 798개의 금메달을 포함하여 총 1,975개의 올림픽메달을 획득했으며, 금메달 수나 총 메달 수에서 단연 세계 최고를 유지해 왔다. 미국은 2002년 솔트레이크시티 대회를 포함해서 지금까지 네 번의 동계 올림픽도 유치했다.

하지만 미국의 스포츠는 거기서 머무르지 않는다. 어느 분야에서나 독창성을 장려하고 다양성을 추구하는 미국의 모습은 스포츠에서도 예외는 아니어서 전통적인 경기종목 이외에도 수많은 대체(alternative) 스포츠가 개발되어 대중화되어 왔다. 산악자전거(mountain biking), 스턴트바이킹(stunt biking), 스케이트보딩(skateboarding), 스노우보딩(snowboarding), 모터크로스(motocross), 스노크로스(snocross), 번지점프(bungee jumping), 스카이서핑(skysurfing), 수상스키점핑(water ski jumping), 롤러블레이드 하키(rollerblade hockey), 빙벽등반(ice climbing) 등등, 신종·변종 스포츠를 '미친 듯이' 즐기는 데도 미국인들은 그 누구보다 앞장서는데, 이는 전혀 놀랄 일이 아니고 오히려 미국(인)다운 일이라 하겠다.

하나님 아래 하나 된 나라

1620년 영국으로부터 미 대륙으로 건너온 소수의 청교도들(Puritans)은 16세기 초 마틴 루터가 구교에 대항해서 이루었던 종교개혁의 흐름에 따라 퍼진 개신교도들(Protestants)이었다. 최초 이민자들이 미국으로 건너 온 이유가 신앙(기독교) 때문이었다는 것은 큰 의미를 갖는다. 미국은 처음부터 기독교, 특히 개신교의 나라로 출발했고, 아직도 기독교의 큰 영향 아래 있다고 할 수 있다.

미국 헌법 제1수정조항은 신앙의 자유와 함께 정교분리(政教分離, separation of state and church)를 선언하고 있다. 이에 따라 미국은 각국으로부터 유입되는 여러 종교들을 인정하고 수용하게 되었고, 그 과정에서 자연히 기독교는 상대적으로 무게를 잃게 되었다. 세계의 거의 모든 인종이 미국에 살고 있다면 세계의 거의 모든 종교를 미국에서 찾아 볼 수 있다는 얘긴데, 그 틈바구니에서 기독교는 많이 퇴색된 것이 사실이다.

하지만 미국은 아직도 기독교의 나라이다. 그것은 미국인의 몇 퍼센트가 교회나 성당에 다니는 기독교 신자라는 통계수치에 근거한 주장이 아니라, 미국이라는 시스템 속에 뚜렷하게 남아 있는 기독교의 맛과 냄새와 빛깔을 두고 하는 말이다. 초기 청교도들, 그 뒤를 이어 유럽 각국에서 들어온 기독교인들이 뿌린 신앙의 씨앗과 그들이 남긴 유산 때문에 미국은 아직도 기독교의 깊은 뿌리와 굵은 기둥을 갖고 있다.

미국에는 정부가 발표하는 종교에 관한 공식적인 통계가 없지만, 조사에 의하면 스스로 기독교인이라고 부르는 사람이 인구의 약 85%인 2억 4천만 명이라고 한다. 여기에는 구교인 가톨릭(Catholic)과 함께 개신교인 침례교, 감리교, 루터교, 장로교, 성공회, 오순절교 등의 신자들이 포함돼 있다. 비기독교인의 숫자도 파악하기 어렵지만, 최근 통계에 의하면 560만 명의 유대교인을 비롯해서 이슬람 400만 명, 불교 240만 명, 힌두교 100만 명의 신자가 있다고 한다.

그러나 다양성의 나라인 미국에는 종교와 종파도 수백 가지에 이르고 있어 그 이름을 다 나열하기는 불가능하다. 조직화된 종교로 인식되지 않고 있는 유교 등의 '준 종교'를 제외하더라도, 다소 비정통적이라고 할 수 있는 교파 중에는 모르몬(Mormons)이라고 알려져 있는 말일성도교를 비롯해서, 안식교,

여호와의 증인, 통합교, 통일교 등이 있다. 그 밖에 Baha'is, Neo-Pagans, Scientologists 등 잘 들어 보지 못한 '종교'와 사교(邪敎, cults)집단 또한 많고, 원주민들의 토속신앙도 아직 남아 있다.

이래저래 미국에는 사람들이 모여서 찬양과 예배를 드리는 장소가 33만 개나 되고, 물론 대다수는 교회나 성당이지만 이를 반드시 기독교에서 말하는 교회(church)라고만은 할 수 없다. 따라서 미국인들은 종교적인 예배장소를 가리킬 때 churches(기독교의 교회당·성당), synagogues(유대교성전), temples(불교사원), mosques(이슬람사원)라고 구별해 두루 열거하여 부르고 있다. 그런가 하면 미국에는 약 2천만 명의 무종교인 내지 무신론자들(non-religious, atheists 또는 agnostics)도 있다.

미국 안에는 이렇게 수많은 종교가 있지만 그럼에도 불구하고 미국을 군이 기독교의 나라라고 하는 근거는 무엇인가. 거듭되는 지적이지만 그것은 미국의 제도와 규범 속에 그리고 미국인들의 사고와 행동 속에 기독교의 피가 흐르고 있기 때문이다(여기서 미국인들이라 함은 최근 이민자들을 제외하고 일찍부터 미국에서 살아온 백인들과 흑인들을 가리키는데, 이는 한국인들이 흔히 갖는 '미국인'이라는 통념과 일치한다).

미국의 여러 제도와 규범이 기독교에 기반을 두고 있음을 지적하면서 이를 고쳐야 한다고 주장하는 비기독교인들이 우선 미국이 기독교의 나라라는 것을 반증하고 있다. 1892년에 채택된 이래 미국인들이 초등학교 시절부터 암송하고 있는

'Pledge of Allegiance(국기에 대한 맹세)'라는 짤막한 서약이 있는데, 이는 자유와 정의에 입각한 통일 미국에 대한 충성을 국기 앞에 맹세하는 내용이다. 당초에는 이 서약에 기독교를 상징하는 분명한 구절이 없었는데, 1954년 아이젠하워 대통령이 'under God'라는 문구를 삽입했다. 이것은 곧 미국은 'one nation under God(하나님 아래 한 나라)'를 의미한다.

'under God'라는 문구를 삽입한 것은 당시 세력을 뻗치던 공산주의에 대한 경각심에서 비롯한 것이라고 하나, 이를 조금 속되게 풀이해 본다면 "혹시 그동안 잊고 있었는지 모르지만 이 나라는 원래 하나님을 섬기는 나라였고, 또 앞으로도 계속 그럴 것이니 그리 알라"는 정도가 될 것이다(물론 god(신)이라는 말은 반드시 기독교의 하나님이 아닌 다른 절대자를 의미할 수도 있지만, 이를 대문자 God라고 씀으로써 기독교의 하나님을 의미한다는 것을 공식화했다). 따라서 이 '국기에 대한 맹세'는 공적인 기도가 된 셈인데, 최근 비기독교인들이 이를 위헌이라고 주장한 데 대해 법원이 이를 받아들이자 큰 논란이 일고 있다.

미국에서는 공직에 취임할 때 한 손은 들고 다른 손은 성경책에 얹고 일정한 서약을 하는데, 그 서약의 마지막 구절도 "So, help me God"이다. 크리스마스가 공휴일인 것도 비기독교인들에게는 못마땅할 수 있겠지만, 아직은 미국에서 회교나 불교 등 다른 종교의 축일이 공휴일로 지정되어 있지 않다. 공립학교 등이 특정 종교의 기념일에 축하행사를 갖는다면 정교분리원칙상 문제가 되지만, 뉴욕 증권거래소 같은 민간기구가

"우리는 Good Friday(수난일: 예수가 십자가에 처형된 날)에 일 안 하고 문 닫겠소"라고 하면 그만이다.

아직도 많은 미국인들이 교회에서 결혼식을 치르고 있고, 또 평소에는 교회에 다니지 않던 사람들이라도 장례식을 교회에서 치르는 경우가 많다. 하긴 Adam, David, John, Michael, Elizabeth, Mary, Sarah 등 미국인들의 가장 흔한 이름부터가 성경에서 나온 이름들이다. 또 St. Louis, St. Paul, San Francisco, Corpus Christi 등 미국의 많은 지명이 기독교 성자들의 이름이나 기독교에 관련된 이름을 따서 붙인 것이다.

미국뿐 아니라 세계 각국이 쓰고 있는 서력기원도 기독교에서 비롯된 제도임은 물론이다. 기원전을 B.C.(Before Christ)라고 하여 분명히 예수의 탄생을 기원(紀元), 즉 역사의 원점으로 하고 있는데, 기원후라는 말인 A.D.(Anno Domini)도 'Year of the Lord'라는 뜻이다(실제 예수의 탄생은 기원전 4년이라고 추정되고 있지만, 어쨌든 역사의 헤아림도 기독교를 근거로 하고 있다는 사실에 못마땅해 하는 비기독교인들은 B.C. 대신 B.C.E.(Before Common Era, 공통기원전)라는 표현도 쓰고 있다). 그런가 하면 YMCA나 YWCA(Young Men's/Women's Christian Association), 구세군(Salvation Army) 같은 단체들은 이제 너무 평범해서 '기독교'라는 의미가 두드러지지 않는 느낌이다.

유럽은 말할 것도 없고 미국에서도 기독교를 빼고 나면 그 역사와 문화의 바탕이 무너져 버린다. 정치와 제도는 물론이고 음악, 미술, 문학 등 모든 부문이 기독교 중심이었다는 것을 부정할 수 없다. 이런 것들이 바로 기독교가 남긴 규범이다. 그러나 보다 중요한 것은 사람들의 마음속에 흐르고 있는 기독교의 정신이다. 이는 미국인들 스스로도 평소에 잘 느끼지 못하는 것일지 모르지만 부정하기 힘든 사실이다. 기독교 정신이 그들 삶의 바탕이 되고 있다는 가장 뚜렷한 증거는 일상의 말 속에서 찾을 수 있다.

"O my God", "God only knows", "God willing"같이 평소에 자주 뇌까리는 그들의 말 속에 하나님이 등장한다. "God bless you"라는 인사말은 기독교인들에게 가장 좋은 인사말이지만, 미국인들은 누가 재채기를 해도 그렇게 말한다. "Good-bye"라는 작별인사도 (스페인어의 Adios처럼) 원래 "God be with you"가 줄어서 된 말이라고 한다. 또, 세계 각국에서 거의 공통적인 현상이지만 미국인들의 상소리나 욕에도 기독교의 말들이 튀어나온다. darn, geez, gosh, heck 등의 속된 표현조차도 기독교에서 나오는 damn, Jesus, God, hell을 누그러뜨려 표현한 상스런 말들이다.

흔히 미국인들은 지독한 개인주의자들로 자기밖에 모른다고 비난받기 쉬운데, 그런 그들이 일반적으로 한국인들보다 자원봉사나 기부행위, 헌혈이나 장기 기증, 입양 등에서 훨씬 적극적이고 더 너그럽다고 여겨지는 이유는 무엇일까? 일찍이 한국의 연세대를 비롯해서 배재, 이화, 숭실, 정신, 경신학교 등은 물론이고 우리 나라 최초의 근대식 병원인 광혜원도 미국인 선교사에 의해 세워졌고, 세브란스 병원도 세브란스

(Louis H. Severance)라는 미국 자선가의 기부로 세워졌다는 사실을 한국인들은 쉽게 떠올리지 못한다. 지금도 많은 탈북자들이 도처에서 미국 선교사들의 도움을 받고 있다.

미국에는 수많은 기독교 학교, 기관들이 있지만 공식적으로 기독교와 직접 관련되지 않은 기관이나 조직들도 기독교의 정신에 따라 생겨나서 활동하고 있음을 부정할 수 없다. 한국고아 입양으로 알려진 홀트 재단, 크리스마스씰로 유명한 미국 폐협회, 평화봉사단, 4-H클럽, 국제로터리클럽(Rotary International), 라이온스클럽(Lions Club), 월드비전(World Vision) 등 수많은 자선, 봉사 기관들이 기독교와 무관해 보이지만 그 내용은 기독교 정신에 뿌리를 두고 있다.

모르는 사람, 멀리 있는 사람에게도 사랑을 베풀라는 기독교의 선한 사마리아인(Good Samaritan) 정신이야말로 오래도록 미국의 정신적인 버팀목이 되어 왔고, 지금도 미국뿐 아니라 세계 여러 곳에서 사회복지와 정의구현을 위한 사랑의 손길을 뻗치고 있다. 한마디로 기독교는 미국을 지탱하는 틀을 이루고 있다. 기독교 역사 2천 년 그리고 미국의 역사 200여 년이 흐르는 동안 많이 퇴색되기도 했지만, 기독교는 아직 미국 속에 건재하다. 교회당 속이 아니라 사람들의 생각 속에. 놀랍게도 기독교 정신을 바탕으로 하는 미국의 강한 포용력은 다른 종교권에서 온 사람까지도 알게 모르게 기독교적 규범과 정신의 틀 안으로 끌어 들이는 것 같다. 그래서 결국 미국은 '하나님 아래 한 나라(One Nation under God)'를 이루게 된다.

'가짜 사람들'이 판치는 나라

한때 빌 클린턴(Bill Clinton)과 빌 게이츠(Bill Gates) 중에서 어느 빌이 더 파워풀한가 하는 농담어린 질문이 나돈 적이 있었다. 물론 미국 대통령이 갖는 정치적 파워는 엄청나다. 하지만 날이 갈수록 많은 일들이 경제력에 의해서 좌우되고 있는 현실을 볼 때 마이크로소프트의 빌 게이츠 같은 거대 기업의 총수가 갖는 힘 또한 만만치 않다는 것을 느끼게 된다.

흔히 CEO(Chief Executive Officer)라고 불리는 사람들에게 힘이 있다면 그것은 기업 또는 회사법인(法人)이라는 '가짜 사람들'에게 힘이 있기 때문이다. 과연 마이크로소프트의 경제력은 네덜란드라는 한 나라의 총 경제력보다도 크다고 한다. 미국에는 이렇게 엄청나게 큰 '가짜 사람들'이 많다. 주식시장에서는 이렇게 크고 이름이 잘 알려져 있는 회사의 주식들을 블루칩(blue chips)이라고 부르는데, 이는 도박장에서 돈 대신 쓰는 동그랗고 납작한 조각들(chips) 중에서 파란 색깔이 전통적으로 가장 고액을 나타냈기 때문이다.

미국 증시의 바로미터이자 세계 증시의 풍향계라고 여겨지고 있는 다우존스 주가지수(Dow Jones Industrial Average)라는 것도 미국의 간판 대기업이라고 할 수 있는 30개 블루칩 주식의 평균치를 나타내는 지수이다. 그런데 이러한 블루칩 기업들은 분명히 미국 기업들이긴 하지만, 그들이 활동하는 영역은 지구촌 전역으로 확장되고 있어 다국적(multinational) 기업이자 초국적(supranational) 기업이라고 할 수 있다.

전세계 방방곡곡에 퍼져 있는 코카콜라나, 3만여 개의 점포를 깔아놓고 지구인에게 '빅맥'을 공급하고 있는 맥도널드 같은 미국 블루칩 기업들의 영향력은 실로 엄청나다. 아이보리 비누, 크레스트 치약, 팸퍼즈 기저귀 등 300가지 이상의 소비재 브랜드로 세계를 주름잡고 있는 프록터&갬블은 자기 회사 제품을 쓰고 있는 사람을 약 40억 명으로 추산하고 있는데, 이는 세계 인구의 약 3분의 2가 이 회사 고객이란 얘기다.

일찍부터 포드, 링컨, 머큐리를 거느리고 미국 자동차 시장을 리드해 온 포드자동차는 재규어와 볼보를 인수하여 유럽 시장을 공략하는 한편 일본의 마즈다에까지 투자하여 초국적 기업으로 팽창하고 있다. 포드의 라이벌인 제너럴모터스(GM)는 얼마 전 대우자동차를 인수했으며 전세계에 종업원만 30여 만 명을 거느리고 있다. 미국 최대의 석유회사인 엑슨모빌(Exxon-

Mobil)의 경제력은 파키스탄의 경제보다 크다. 엄마 벨(Ma Bell)이라는 별칭으로 불리기도 하는 AT&T는 발행 주식이 15억 주에 달하고 주주의 수만도 3백만 명이 넘는다. 제너럴일렉트릭 발행주식의 반만 가지고 있어도 그 돈으로 (2003년 3월 현재 약 220조 원 추산) 한국 여의도증권거래소에 상장된 회사를 전부 살 수 있다.

경제 전문지 「포춘 *Fortune*」이 발표하는 500대 기업(Fortune 500)을 비롯해서 미국에는 모두 3백만 개 이상의 주식회사가 있고, 이러한 기업들이 주름잡고 있는 미국 경제 전체를 가리키는 '미국주식회사(Corporate America)' 같은 표현이 등장한 지도 오래다. 미국 기업들의 주식가치를 모두 합해 보면 10조 달러가 넘는다고 하고, 미국 인구의 반 이상이 기업과 관련해서 얻는 소득으로 생계를 유지하고 있다는 통계도 있다. 세계 100대 단위경제 가운데 30개가 (국가가 아닌) 기업이고, 200대 기업의 경제력은 세계 경제의 30%를 차지하고 있으니 이제 인류는 기업의 시대를 맞이하고 있다고 해도 과언이 아니다.

현대 인류문명의 바탕이 되고 있는 기술혁신의 측면을 보아도 과연 대기업들이 그 중심에 있음을 알 수 있다. 마이크로소프트는 연구개발(R&D) 비용으로만 한 해에 30억 달러 이상을 쏟아붓고 있고, 모토롤라 같은 회사는 7만여 개의 기술특허를 보유하고 있는데, 지금도 하루 평균 서너 개의 새로운 특허를 취득하고 있다. 에디슨(Thomas Edison)이 전깃불 등 많은 발명을 했을 때는 자기 집 지하실이나 헛간 같은 데서 작업을 했을지 모르지만 오늘날 대부분의 혁신은 기업 내에서 이루어지고 있다. 3M의 메모패드(pad)에서부터 마이크로소프트의 컴퓨터프로그램 그리고 보잉의 우주항공기술에 이르기까지 미국의 대기업들은 혁신과 발명과 개발의 산실이 되고 있다.

하지만 미국의 대기업들은 사회적으로 많은 문제를 일으키기도 한다. 아직도 고용시장이 매우 경직되어 있는 한국과 달리 미국의 기업들은 종업원들을 아무 때나 마음대로 채용하고 해고한다. 경기가 좋을 때는 직원을 잔뜩 고용하고, 경기가 나빠지면 금방 감원하는 것이 미국의 기업들이다. 그래서 특히 관리직이나 기술직이 아닌 단순근로자들은 언제 해고통지를 받을지 모르는 불안한 상황에 있다. '내일부터 나오지 마시오'라는 통지를 지금은 전화나 전자우편으로도 할 수 있겠지만, 예전에는 핑크색의 종이쪽지(slip)로 했기 때문에 지금도 '핑크슬립(pink slip)'이라는 말이 해고통지라는 뜻으로 쓰이고 있다.

비용을 줄인다는 목적으로 툭하면 공장을 다른 곳으로 옮기거나 또는 회사를 아예 다른 회사에 팔아넘기기도 해서 종업원들이 골탕을 먹는 경우도 많다. 또, 의도적이든 아니든 소비자를 속이거나 환경을 더럽히고 망가뜨리는 기업들도 있다. 그래서 이들의 횡포를 막기 위해서 미국에는 랄프 네이더(R. Nader) 같은 소비자운동의 기수가 등장하고 BBB(Better Business Bureau) 같은 소비자보호단체가 일찍부터 활동하고 있다. 그린피스(Green Peace) 같은 환경단체도 있는가 하면, 대기업과 이를 위주로 경제를 운용하는 정부정책에 반대하는 비정부단체기구들(NGO, Non-Government Organizations)도 많이 있다.

미국의 거대한 기업들을 둘러싸고 빚어지는 또 하나의 사회적 이슈는 이들이 미치는 문화적 영향이다. 지금 미국은 (그리고 미국 기업의 영향을 크게 받고 있는 세계는) 좋든 싫든, 옳든 그르든, 바람직하든 않든 그리고 원하든 원치 않든 대기업들의 활동에 의해서 그 문화의 밑그림이 그려지고 있다. 젊은 세대들의 힙합 문화에서부터 베이비 부머들(Baby Boomers)의 여피(Yuppie) 문화 그리고 노령의 그레이(Grey) 문화에 이르기까지 대기업들의 제품과 서비스와 활동이 그 바탕을 이루고 있다. 미국 문화의 밑그림은 디즈니 만화, 맥도널드 햄버거, 코카콜라, 할리 데이비슨 모터사이클, 나이키 신발, IBM 컴퓨터, 마이크로소프트 프로그램, 바이어컴 MTV채널, 월마트 체인, 리바이스 청바지, 보잉 항공기 등이 그려내고 있다.

이렇게 다국적 또는 초국적 대기업들의 활동은 상품교역의 면에서나 사회적, 문화적 영향력의 면에서나 범세계적으로 뻗치고 있고, 그 힘은 날로 증대하고 있다. 이는 단순히 맥도널드나 코카콜라 그리고 월마트(전세계에 4,500개 매장), 블록버스터(7,700개 점포), 배스킨라빈스(4,900개 점포), 스타벅스(5,400개 점포) 따위의 대중상품의 영역에만 국한된 현상이 아니다. 초국적 대기업들의 힘은 심지어 2002년 가을 부산에서 열렸던 14회 아시안게임에 휠라 운동복과 나이키 모자를 쓰고 나타났던 북한 응원단에서도 읽을 수 있었다.

빅 블루(Big Blue)라는 별명을 가진 미국의 IBM(International

Business Machine)은 이름에 걸맞게 그 영업활동의 70% 이상을 미국 내가 아닌 세계 시장에서 일구어 내고 있다. 미국 최대의 증권회사인 메릴린치도 전세계에 660여 개 점포를 두고 있다. 머억(Merck) 제약회사는 100여 개국에서 50개 이상의 통화로 영업을 하고 있고, 나이키는 아시아에만 40여 개의 공장을 가지고 있다. 뉴욕의 한 매리엇 호텔이 고용하고 있는 1,700여 명의 종업원은 70개국 출신으로 47개의 언어를 사용한다.

미국 대기업들의 이러한 세계적 지배현상을 두고 일부에서는 미국의 값싼 '상업적 제국주의(Commercial Imperialism)'가 세계의 경제질서를 파괴하고 나아가 각국의 문화를 오염, 파괴하고 있다고 개탄하기도 한다. 코카콜라 제국주의(Coca-colonization)라는 빈정을 받고 있는 미 대기업들의 군림이 있는 자와 없는 자들 또는 아는 자와 모르는 자들 사이의 간격을 더 넓히는 이른바 정보격차(Digital Divide)를 부추기고 있다고 NGO를 비롯한 세계화 반대론자들은 아우성이다.

어쨌든지 미국에는 이렇게 엄청나게 크고 힘 있는 기업들이 많이 있지만, 한국에서처럼 재벌기업이라고 지칭하지는 않는다. 사실 미국에도 가문이나 족벌을 중심으로 하는 기업들이 많이 있다. 포드, 모토롤라, 존슨&존슨, 매리엇, 월마트, 앤하이저부시, 마이크로소프트 등이 창업자나 원소유자의 가문에 의해서 경영되고 있는 기업들이다. '포춘 500' 기업 중 약 3분의 1이 가족경영의 체제를 가지고 있다고 한다.

미국에도 이렇게 가족경영의 체제를 가진 기업들이 많지만 한국에서처럼 재벌기업이라는 말이 나오지 않는 이유는, 이들 회사들의 재무구조가 오래전부터 일반 투자자들에게 공개되어 왔기 때문에 소유가문이 갖고 있는 지분율이 낮고 따라서 기업지배구조가 널리 분산되어 있기 때문이다. 또, 많은 대기업들이 일찍부터 소유와 경영의 분리라는 주식회사의 특징을 살려 외부에서 전문경영인을 영입해 회사를 경영하도록 했기 때문이다. 이래저래 미국에는 제너럴일렉트릭, 제너럴모터스, AT&T, 엑슨모빌, 체이스-맨해튼, 존슨&존슨, 웨스팅하우스, 뒤퐁 등 100년 이상의 역사를 가진 공개 대기업들이 즐비하다.

이렇게 볼 때 미국의 대기업들은 그 소유구조가 대주주 가족에서부터 기관주주 그리고 소액개인주주에 이르기까지 다양하게 분산되어 있고, 그 경영은 외부의 전문경영인이 맡고 있는 경우가 많다. 이로써 소유와 경영의 분리라는 장점을 살리고 있지만, 반면에 그 때문에 이른바 대리인문제(agency issues)라는 것이 생기기도 한다. 소유자가 회사를 직접 경영하지 않고 다른 사람이 대리하는 바람에 경영자가 소유자의 의사를 저버리고 자기 자신의 이익을 도모하는 사태가 벌어질 수 있다는 문제이다.

또한 미국의 대기업들은 그 경영규모와 범위가 엄청나게 커서 국내외에 여러 시설을 두고 많은 수의 종업원을 고용하고 있고, 나아가 자회사, 제휴회사, 공급자, 은행, 고객, 해당관청, 지역사회 등등에 이르기까지 수많은 기업이해관계인들(corporate stakeholders)을 거느리고 있다. 오늘날 미국식의 공개

된 대기업에서 기업지배구조(corporate governance)의 문제가 대두되고 있는 것도 이 때문인데, 발 빠르게 미국식 기업경영을 도입해 온 한국에서도 이제 심심찮게 들리는 말이다.

그러나 미국의 기업풍토와 한국의 기업풍토 사이의 가장 근본적인 차이점 중의 하나는, 미국에서는 한국과 달리 소위 기업통합시장(corporate control market)이라는 것이 항상 기능하고 있다는 점이다. 극단적인 설명을 한다면 미국에서는 기업도 하나의 상품처럼 여겨져서 통째로 사고파는 일이 늘 일어난다는 말이다. 어떤 기업의 가치가 떨어지면 누구든 이를 얼른 사 버릴 수 있다는 얘긴데, 그 회사의 주주들도 자기 회사를 좋은 값에 사겠다는 사람이 있으면 미련 없이 팔아넘기는 것이 미국의 기업풍토이다. 그래서 미국에서는 기업의 합병과 인수(M&A, mergers and acquisitions)가 늘 발생하고 있다.

잘못 경영되는 회사가 있으면(즉, 가치를 극대화하지 못하고 있는 회사가 있으면) 가차 없이 M&A의 표적이 되어 기업침략자들(corporate raiders)의 밥이 되고 마는 것이 미국 기업시장의 현실인데, 이 M&A 역시 서서히 한국의 기업계에 도입되고 있어 한국인들의 외래어 어휘사전에 오르게 된 것 같다. 하지만 최근까지도 한국식 기업경영의 철학 또는 정서는 "어떻게 일군 회산데 죽이 되든 밥이 되든 끝까지 버텨야지"하는 생각이 지배적이라고 할 수 있다. 경제경영의 원리와 원칙에 의한 경영이 아니라 '국민기업은 망하게 할 수 없다, 어찌 됐든 회사는 살려야 한다'는 식의 고집경영, 감정적 경영이 그동안 한국의 기업통할에 관한 구조조정을 더디게 했다고 할 수 있다.

한국에서는 기업의 생존을 시장에 자율적으로 내맡기기보다 국가적 차원에서 관리하다보니 기업이 쉽게 망하는 일이 드물었지만, 미국에서는 기업의 도산이 다반사로 일어나고 있다. 그런가 하면 한때 미국에서 일곱 번째로 큰 회사였던 엔론(Enron)이라는 에너지회사가 최근 폭삭 주저앉게 된 것은 미국식 정경유착이 빚은 엄청난 스캔들이라고 하여 지금껏 그 진상규명이 문제가 되고 있다.

마지막으로 한 번 더 되짚고 싶은 것은, 미국의 대기업들은 단순히 큰 규모 때문에 초국적이라고 부르는 게 아니라는 것이다. 이들은 생산, 소비, 고용 등의 면에서 큰 영향을 미칠 뿐만 아니라 오늘날 과학기술 발전의 원동력이 되고 있으며 나아가 세계 문화의 기조가 되고 있다. 더 나아가 미국의 초국적 기업들은 정부가 하는 여러 가지 기능, 즉 정부지출, 조세, 금리, 통화, 금융, 복지, 환경 등의 부분에서도 이미 심대한 영향을 미치고 있고 이제 정부의 힘을 능가하고 있다. 그래서 빌 게이츠가 더 파워풀하다는 말이 나오게 된다.

많은 일들이 그랬듯이 세계화의 득실이나 대기업의 공과(功過)에 관한 정당한 사회적, 역사적 평가도 세월이 지난 후에나 가능하리라 생각한다. 다행인지 불행인지 몰라도, 어떤 커다란 전기나 변환이 없는 한 기업팽창의 추세는(최소한 미국에서) 계속될 것이고, 인류는 당분간 이를 안고 살 수밖에 없을 것이다. 더욱이 사이버 시장의 급팽창, 작은 정부 만들기 추세 그리고 전세계적인 개방화와 자유화의 물결에 힘입어 미국의 블루칩 '가짜 사람들'은 더욱 성장, 팽창할 것이 분명하다. 가끔씩 핑크슬립을 발부하기도 하겠지만 말이다.

아흔 아홉 개의 얼굴을 가진 나라

350만 평방마일(약 916만 평방미터)의 국토를 가지고 있는 미국은 러시아, 캐나다에 이어 세계에서 세 번째로 큰 나라이다. 한반도 면적의 40배가 넘는 미국은 그 지형과 기후도 매우 다양하다. 미국에는 중서부의 대평원 같은 너른 평야도 있지만 록키 산맥 같은 험한 산악도 있다. 미시시피 강 같은 큰 강과 대서양, 태평양, 멕시코 만을 따라 긴 해안도 있지만 아리조나, 네바다 등지에는 사막이나 불모지도 있다.

연중 온화한 지역이 있는가 하면 매우 건조하거나 매우 습한 지역도 있고 극지성의 찬 기후와 아열대성의 무더운 기후도 있다. 그래서 미국의 어디에선가는 항상 혹한, 혹서, 가뭄, 홍수, 지진, 화산폭발, 산사태, 산불, 토네이도, 허리케인 등의 천재지변이 일어나고 있다.

미국의 기후와 풍토는 이렇게 다양하며 그곳에 살고 있는 사람들 또한 매우 다양하다. 2억 8천만 명이 넘는 인구를 가진 미국은 인구로도 중국, 인도에 이어 세계에서 세 번째로 크다. 미국에서는 8초마다 한 사람이 태어나고 13초마다 한 사람이 죽는다는 통계가 있지만, 인구와 관련하여 다른 나라에서 찾아보기 어려운 아주 놀라운 통계가 있는데 35초마다 한 사람이 미국으로 이민온다는 것이 그것이다.

처음부터 이민으로 이루어진 미국이기에 지금도 각국으로부터의 이민은 계속되고 있고, 앞으로도 미국은 영원히 이민자의 나라로 남을 것이 분명하다. 이렇게 미국은 다인종 국가일 수밖에 없다. 그래서 일찍부터 미국을 가리켜 용광로(melting pot), 샐러드 그릇(salad bowl), 모자이크(mosaic), 무지개(rainbow)라는 표현을 사용해 왔고, 뉴욕 같은 대도시를 마치 인종박람회로 비유하기도 했다.

하지만 지금은 그 어느 때보다도 이런 말들의 의미가 실감나는 상황이다. 이제 캘리포니아 주에서는 어느 인종도 과반수를 차지하지 못하게 되었다. 그러나 보다 의미 있는 관찰은 미국의 국무회의가 열리는 방을 들여다보는 것이다. 현재 부시 행정부의 내각에는 백인, 흑인, 히스패닉, 유대인, 일본계, 중국계 등 여러 인종이 있다(한국계는 아직 없다).

세계의 모든 인종이 거의 다 들어와 살고 있는 미국, 그래서 전세계의 성(姓)씨가 거의 다 있고 전세계의 종교가 거의 다 있는 미국은 실로 잡동사니의 나라이다. 인종이나 피부색, 종교뿐 아니라 언어, 문화, 소득과 재산, 교육과 능력, 기호와 취향 등 모든 면에서 미국만큼 다양한 사회는 없다. 그래서 미국을 딱 한마디로 표현하라면 복합성(pluralism) 또는 다양성(diversity)이라는 말을 들 수 있겠다.

그것은 이 책에서도 보았듯이 역사, 정치, 경제, 경영, 종교, 교육, 언론 등 미국이 품고 있는 여러 가지 틀과 제도와 정책을 슬쩍 한 번 훑어보기만 해도 금방 알 수 있다. 또, 미국의 다양성은 스포츠나 음악 등 그들의 평범한 일상생활 속에서도 쉽게 만날 수 있다. 한마디로 미국 사회가 담고 있는 내용물은 엄청나게 다양하다. 아니, 미국이라는 개념 자체가 엄청난 다양성을 포용하고 있다.

여기에 'E Pluribus Unum'이라는 말의 의미를 새겨 볼 필요가 있다. 이 라틴어 문구는 미국의 국새(國璽)와 주화 등에 새겨 있는 미국의 국가이념이 담긴 표어이며, 이를 영어로 번역하면 'One Out Of Many'가 되고 다시 우리말로 번역하면 '다수로부터 하나를 이룬다'는 뜻이 된다.

생각건대 이 표어야말로 미국이라는 시스템을 가장 적확(的確)하게 대변해 주고 있는 것 같다. 미국은 다수로부터 하나를 이루고 있는 나라임에 틀림없다. 그러나 이는 단순히 여러 종류의 사람들이 모여 산다는 의미가 아니라 여러 종류의 사람들이 같이 번영할 수 있는 하나의 시스템을 역동적으로 추구해 나가는 것이 미국의 목표라는 뜻이다.

사실 인종문제를 비롯해서 테러와 범죄와 마약 등 골칫거리 투성이의 미국은 어떻게 보면 다양성 때문에 오히려 많은 질병을 앓고 있는 사회라고도 할 수 있을지 모른다. 하지만 아무도 미국의 다양성이 갖는 힘을 부정하지는 못할 것이다. 다양한 인종들이 미국이라는 하나의 나라를 이루어 살고 있는 까닭은 그들이 지향하는 꿈과 이상이 일치하기 때문이다.

　　미국이 갖는 다양성의 힘은 동네마다 마을마다 구석구석까지 퍼져 있다. 그것은 은행 창구에서 히스패닉계 젊은 은행원이 던지는 "Good morning"이라는 인사말 속에 스며 있을지 모른다. 아침마다 지나치는 폴란드계 경찰 아저씨의 "Have a nice day"나 병원 접수창구에서 자원 봉사하는 흑인 할머니의 "Thank you" 속에, 그리고 학교건물 청소를 하는 터키계 미화원 아줌마의 "Excuse me"나 배달트럭을 운전하는 동양계 청년이 던지는 "Take care" 속에 배어 있을지 모른다. 이렇게 E Pluribus Unum의 힘은 미국에 살고 있는 모든 사람들이 미국이라는 시스템을 이루는 한 구성원으로서 가지고 있는 시민의식 속에 숨어 있다고 할 수 있다.

　　미국은 또 자유의 나라라고 한다. 그러나 미국이 추구하는 자유는 어떤 제도나 이념에 의해 의제(擬制)된 자유가 아니다. 미국이 간직하고 기리는 자유는 태어난 시기나 장소나 피부색이나 능력에 관계 없이 가장 인간적인 욕구에서 비롯하는 개인 중심의 가치체계를 반영하는 본원적인 자유이다. 그리고 그것이 바로 아메리칸 드림의 바탕이 된다고 하겠다.

결국 미국의 다양성은 평등성, 자유성, 보편성, 대중성, 포용성으로 이어지고 나아가 실용성, 합리성, 상대성으로 또 더 나아가 논리성, 전문성, 과학성, 탐구성으로 이어진다. 미국에는 다양한 사람들이 모여 살고 있지만, 그 문화의 바탕에는 이렇게 개인적 평등주의와 과학적 합리주의라는 일관된 가치관이 깔려 있으며, 이것이 정치·경제·사회의 각종 제도와 규범을 지배하고 있다고 할 수 있다.

신문들의 이름만큼이나 다양한 이해와 관심이 공존하는 미국 사회는 분명 다원적 사회이고, 따라서 미국은 백 개의 얼굴을 가지고 있다는 말을 할 수도 있다. 그러나 그 백 개 중에 하나, 획일성(uniformity)만큼은 결코 미국의 얼굴이 아니다. 미국을 어떻게 표현해도 좋겠지만 획일성으로는 표현할 수 없고, 그렇게 해서도 안 된다.

그런데 오랜 세월을 한 가지 모습으로 살아온 (즉, 획일성에 젖어 온) 한국인들은 미국 같은 사회가 보여 주는 이러한 다양성, 복잡성을 바람직하게 보지 않거니와 이를 덥석 수용하려 들지도 않는다. 피가 섞인 짐승이나 사람을 가리키는 우리의 비속어들이 이를 말해 준다. 순수성, 동질성을 지나치게 추구하다 보니 획일성까지도 덕목으로 치부하기에 이른 한국인들에게 미국의 복합성은 오직 갈등과 혼란으로 비추어지기 십상이다. 하지만 바로 이 대목이 우리가 다시 생각해야 할 것 중의 하나이다. 대대로 좁은 땅에서 살아온 우리들이라 마음마저도 좁고 척박(瘠薄)해진 것이 아닌지.

어쨌거나 미국은 앞으로도 그 복합성에서 야기되는 갈등과 혼란 속에서 질서와 조화를 찾아가며 다수로부터 하나를 이루려는 노력을 계속할 것이다. 세계의 축소판이라고도 할 수 있는 미국이 그 다양성을 수용해 나가는 모습에서 우리는 언젠가 세계가 하나의 지구촌이 되었을 때 어떻게 질서와 조화를 이루어 나갈 것인지 예견할 수 있다. 문화교류가 날로 증대하고 있는 이 시대를 맞아 우리는 미국으로부터 다양성을 통하여 시너지(synergy)를 추구하는 자세를 배워야 하겠다.

무엇보다도 먼저 '미국 사람'하면 키가 크고 코가 높고 눈이 푸른 백인만을 연상하던 우리의 고정관념부터 털어 내야 한다. 평등성, 자유성, 보편성, 대중성, 포용성, 합리성, 실용성, 상대성, 논리성, 전문성, 과학성, 탐구성 등으로 나타나는 미국의 다양성을 바로 이해하기 위해서는 획일성을 떨쳐 버려야 한다. 그리고 그 다양성의 면모는 미국인들이 매일매일 어떤 모양으로 살고 있는가를 뒤집어 볼 때 더욱 확실히 드러날 것이다. 그들이 어떻게 그들의 집 안팎을 가꾸며 살고 있는지, 어떤 모양으로 자동차를 몰고 다니는지, 서로 어떻게 이름을 부르며 살고 있는지 등등, 그들의 사소한 버릇들을 뒤집어 볼 때 미국의 다양성을 더 잘 이해할 수 있고 또 그 다양성의 힘을 읽을 수 있을 것이다.

미국 뒤집어보기

초판발행 2003년 6월 30일 | 5쇄발행 2008년 4월 1일
지은이 장석정
펴낸이 심만수 | 펴낸곳 (주)살림출판사
출판등록 1989년 11월 1일 제9-210호

주소 413-756 경기도 파주시 교하읍 문발리 파주출판도시 522-2
전화번호 영업 · (031)955-1350   기획편집 · (031)955-1357
팩스 (031)955-1355
이메일 salleem@chol.com
홈페이지 http://www.sallimbooks.com

ISBN 89-522-0104-3 04080
       89-522-0096-9 04080 (세트)

값 3,300원